ESPACIO JOVEN 360

Libro del alumno

Equipo ESPACIO

Nivel

A2.1

Edi numen

© Editorial Edinumen, 2021

© Equipo ESPACIO:
María Carmen Cabeza Sánchez, Francisca Fernández Vargas, Luisa Galán Martínez, Amelia Guerrero Aragón, Emilio José Marín Mora, Liliana Pereyra Brizuela y Francisco Fidel Riva Fernández
Coordinación: David Isa de los Santos y Nazaret Puente Girón

Impreso en Brasil por A Página
0224

Coordinación editorial:
David Isa

Diseño, maquetación e ilustraciones:
Sara Serrano y Carlos Casado

Actividades interactivas:
Antonio Arias y Eva Gallego

Editorial Edinumen
José Celestino Mutis, 4.
28028 Madrid. España
Teléfono: (34) 91 308 51 42
Correo electrónico: edinumen@edinumen.es
www.edinumen.es

Fotografías:
Archivo Edinumen, *www.shutterstock.com*
p. 16 (*Poster Real Madrid*, charnsitr), p. 27 (*Carnaval Barranquilla*, Kobby Dagan), p. 27 (*Carnaval Oruro*, Eduardo Rivero), p. 27 (*Carnaval Canarias*, Tamara Kulikova), p. 31 (*Balón fútbol*, urbanbuzz), p. 60 (*Universidad Nacional Autónoma de México*, BondRocketImages), p. 60 (*Chicos peruanos*, meunierd), p. 67 (*Centro ciudad*, Sergio TB), p. 67 (*Playa Ibiza*, nito), p. 72 (*Cuzco, Perú*, Curioso), p. 73 (*Buenos Aires*, Milosz Maslanka), p. 88 (*Papelería*, Vietnam stock photos), p. 88 (*Droguería*, defotoberg), p. 88 (*Farmacia*, i viewfinder), p. 88 (*Quiosco*, Lawrey), p. 89 (*Casa vieja*, Tijana photography), p. 96 (*Redes sociales*, mrmohock), p. 105 (*Mariachis*, Kobby Dagan), p. 110 (*Semana santa*, KikoStock), p. 110 (*Fútbol*, Wagner Carmo), p. 110 (*Rafael Nadal*, Petr Toman), p. 117 (*Buenos Aires*, saiko3p), p. 117 (*Bilbao*, Rudy Mareel).

Reservados todos los derechos. No está permitida la reproducción parcial o total de este libro, ni su tratamiento informático ni la transmisión de parte alguna de esta publicación por cualquier medio mecánico, electrónico, por fotocopia, grabación, etc., sin el permiso previo y por escrito de los titulares del *copyright*.

PRESENTACIÓN

Espacio Joven 360º es un curso comunicativo de lengua y cultura españolas que integra contenidos multimedia para facilitar una nueva experiencia de aprendizaje a jóvenes adolescentes, adaptándose a la forma en la que ellos interactúan en su día a día.

Dividido en cuatro niveles y siguiendo las directrices del *Marco común europeo de referencia* (MCER) y del *Plan curricular del Instituto Cervantes*, **Espacio Joven 360º** conduce a la adquisición de una competencia comunicativa del nivel B1.1 y prepara a los estudiantes para superar con éxito los nuevos exámenes DELE.

Espacio Joven 360º ha sido pensado y diseñado para atender a las diferentes necesidades de las escuelas y presenta, de forma atractiva y moderna, numerosas actividades dinámicas y altamente motivadoras que propician que el alumno adquiera las competencias requeridas para cada nivel de manera fácil y divertida.

🗨 COMPONENTES DISPONIBLES

Para el profesor

eBook libro del profesor

Todo el material digital puede ser utilizado en ordenadores (PC, Mac), iPads y *tablets* de Android, con o sin conexión a internet.

EXTENSIÓN DIGITAL ALUMNO

MATERIALES MULTIMEDIA

ELEteca

Espacio Joven 360° cuenta con una gran cantidad de recursos multimedia que han sido diseñados para enriquecer el proceso de enseñanza y aprendizaje, y que se ofrecen integrados en la secuencia didáctica del libro del estudiante.

A lo largo de las unidades se hace referencia a una serie de **instrumentos digitales** a disposición del estudiante que permiten la **profundización** y la **revisión** de los contenidos, **dinamizando** el curso.

Actividades interactivas

+ Prácticas

Cada uno de los contenidos que aparecen en la unidad se complementan con nuevas actividades *online* para practicar y repasar de una manera divertida.

Serie

Sesión de cine

Serie sobre un grupo de jóvenes hispanos que protagonizan situaciones de la vida cotidiana.

Actividades colaborativas

Actividades variadas concebidas para ser desarrolladas como tareas de trabajo cooperativo a través de wikis y foros.

VIDEOGRAMAS

Vídeos didácticos

Vídeo situacional y explicación gráfica de los aspectos gramaticales de la unidad.

SPANISH BLOGGER

Spanish Blogger es un juego de carácter narrativo que permite a los estudiantes seguir aprendiendo español en un contexto lúdico, al finalizar la unidad. Vivirán la experiencia de trabajar en un periódico y de crear su propio blog sobre la cultura hispana.

Gamificación

LIBRO DEL ALUMNO

Cada libro de **Espacio Joven 360º** está organizado en torno a seis unidades.

En el primer volumen, la **unidad 0** introduce al estudiante en el mundo de la lengua y de la cultura española, y ofrece también los instrumentos indispensables para la interacción en clase.
En los otros volúmenes, esta unidad actúa como repaso de los contenidos del nivel anterior.

Como indica el título, esta sección se centra en una **conversación** que introduce el **tema de la unidad**, el **vocabulario previo** y las **estructuras gramaticales**. Con ello los estudiantes comienzan a interpretar el significado y a usar la lengua en un contexto auténtico, sin necesidad de entender todas las palabras.

Esta sesión presenta **vídeos** sobre la vida de un grupo de adolescentes, relacionados con el tema de la unidad. Van acompañadas de actividades para predecir e interpretar la historia.

cinco **5**

Presentación de los **objetivos comunicativos** a través de sencillos cuadros funcionales, seguidos de actividades de producción y comprensión oral.

Las estructuras y las funciones se presentan como elementos de la conversación.

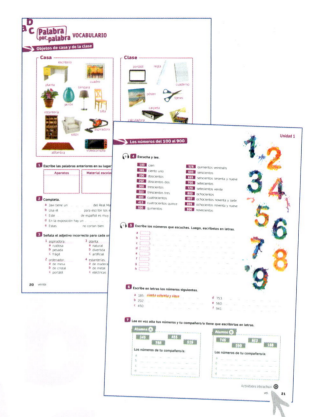

Referencias a las *Actividades interactivas.*

Resumen y análisis de los **elementos léxicos** introducidos en el diálogo a través de la presentación de **cuadros léxicos** y de actividades lúdicas y motivadoras. Trabajar las actividades con su compañero/a o en pequeños grupos anima a los estudiantes a aprender colaborativamente.

Referencias a *Videogramas.*

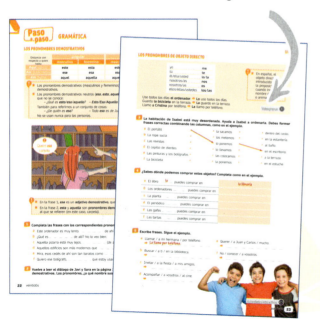

Sistematización de los **aspectos gramaticales** gracias a cuadros con explicaciones claras y completas, y a una serie de actividades de reflexión.

El apéndice gramatical al final del libro del alumno ofrece numerosas **profundizaciones** de estos aspectos gramaticales.

6 seis

La unidad concluye con secciones que agrupan todos los elementos lingüísticos presentados en las páginas anteriores, permitiendo al estudiante la **utilización global y personal de las competencias adquiridas**.

UNIDADES 1, 3 y 5

Mundo hispano

Desarrollo y profundización de uno o más **aspectos culturales** presentados en la unidad.

Esta sección cultural va más allá de una simple instantánea cultural e invita a los estudiantes a profundizar más en las perspectivas hispanas con información y actividades diseñadas para alentarles a ampliar el contenido cultural del texto.

UNIDADES 2, 4 y 6

Érase una vez...

Introducción a relatos o **fragmentos literarios** para acercar a los estudiantes el placer de la literatura. Todas las piezas literarias son grabadas e interpretadas.

siete **7**

ÍNDICE

	Sesión de cine	Comunicación	Vocabulario
UNIDAD 0. **El día a día** PÁG. 10		• Hablar de acciones habituales • Expresar gustos • Describir personas: rasgos físicos y de carácter	• El cuerpo humano • Descripción física • Los medios de transporte • La ropa • Actividades de tiempo libre
UNIDAD 1. **¡Cuántas cosas!** PÁG. 16	• *En la papelería*	• Describir objetos y su utilidad • Comparar objetos	• Objetos de casa y de la clase • Los números cardinales (100-900) • Adjetivos descriptivos
UNIDAD 2. **¿Qué tiempo va a hacer?** PÁG. 26	• *Creo que va a llover*	• Expresar obligación, hacer recomendaciones y consejos • Expresar planes e intenciones • Hablar del tiempo atmosférico	• El tiempo atmosférico • Las estaciones del año • Puntos cardinales
UNIDAD 3. **Hoy he estudiado mucho** PÁG. 36	• *¿Qué has hecho hoy?*	• Hablar de acciones terminadas en un pasado reciente • Hablar de experiencias sin referencia temporal • Hablar de la posesión	• Medios de comunicación • Tipos de prensa
UNIDAD 4. **Lo pasé muy bien** PÁG. 46	• *Don Quijote*	• Narrar acciones en pasado • Valorar hechos del pasado	• Los viajes y las vacaciones • Expresiones de jerga juvenil
UNIDAD 5. **¿Dígame?** PÁG. 56	• *Dime, Carlos*	• Describir una acción que se está realizando • Hablar por teléfono • Dar instrucciones y órdenes • Intensificar una cualidad • Preguntar por un producto y su precio	• Lenguaje telefónico • Las compras • Las nuevas tecnologías
UNIDAD 6. **Eran otros tiempos** PÁG. 66	• *¿Vamos de compras?*	• Describir hábitos, costumbres, personas, animales y objetos en el pasado • Opinar • Expresar acuerdo y desacuerdo • Expresar la causa	• Léxico relacionado con tópicos y estereotipos • Las personalidades

UNIDADES DE REPASO PÁG. 76

APÉNDICE GRAMATICAL PÁG. 82

TABLA DE VERBOS PÁG. 88

GLOSARIO PÁG. 90

Gramática	**Cultura**	**Literatura**	**Sigue practicando con**

- Presente de indicativo regular e irregular

- *Para qué/para*
- Los comparativos
- Los pronombres demostrativos
- Los pronombres de objeto directo

• Regalos y celebraciones

ELEteca
- *Alegría*, de David Isa
- *Un día solo para mamá*

- *Hay que, tener que, deber* + infinitivo
- *Ir a* + infinitivo
- Expresiones temporales referidas al futuro
- Los verbos impersonales

ELEteca
• Paisajes y climas

- *Lluvia*, de Guillermo Cabrera Infante
- *¿Quedamos para estudiar?*

- Pretérito perfecto: morfología y usos
- Expresiones temporales referidas al pretérito perfecto
- Los posesivos pospuestos

• La educación

ELEteca
- *Novela de Andrés Choz*, de José M.ª Merino
- *Mi vecino famoso*

- Pretérito indefinido: morfología y usos
- Expresiones temporales referidas al pretérito indefinido

ELEteca
• El turismo en España y el ecoturismo

• *La ruta del lobo perdido*

- *Estar* + gerundio
- *Ser* y *estar*
- Imperativo (*tú/vosotros*)
- *Qué* + nombre + *tan/más* + adjetivo

• Una región conectada

ELEteca
- *Breve historia de un hombre que hablaba lenguas*, de Horacio Vázquez-Rial
- *Las ventajas de internet*

- Pretérito imperfecto: morfología y usos
- Expresiones temporales referidas al pretérito imperfecto
- La negación
- *¿Por qué?/porque*

ELEteca
• Herencias y tópicos

- *Tú, la oscuridad*, de Mayra Montero
- *Viaje en el tiempo*

_____

_____

_____

_____

nueve **9**

Unidad 0

EL DÍA A DÍA

💬 **Comunicación**
- Hablar de acciones habituales
- Expresar gustos
- Describir personas: rasgos físicos y de carácter

🔤 **Vocabulario**
- El cuerpo humano
- Descripción física
- Los medios de transporte
- La ropa
- Actividades de tiempo libre

✏️ **Gramática**
- Presente de indicativo regular e irregular

🎤 **Pronunciación y ortografía**
- Repaso general: letras y sonidos

¿Qué ves?

🎧 **1** Escucha las descripciones y elige la que corresponde a Javi, el chico de la imagen.

Descripción 1 ☐   Descripción 3 ☐
Descripción 2 ☐   Descripción 4 ☐

2 Ahora, lee su descripción y completa.

Javi es joven, tiene 15 años. Es moreno, ... y delgado. Tiene el pelo .... y rizado. Tiene los ojos .... y lleva .... Es muy simpático. .... siempre ropa moderna.

🎧 **3** Escucha de nuevo y relaciona las otras tres descripciones con la imagen correspondiente.

10 diez

Unidad 0

4 **Este es un día normal en la vida de Javi. Lee el texto y contesta verdadero (V) o falso (F).**

> Hola chicos, **me llamo** Javi y tengo 15 años. **Vivo** en Madrid con mi familia y **estudio** 2.º de la ESO. Todos los días **me levanto** a las ocho de la mañana, **desayuno** en casa y **voy** a clase a pie, porque el insti **está** muy cerca. Las clases **empiezan** a las nueve y **terminan** a las dos y media. **Vuelvo** a casa a las tres y **como** con mi abuela. Por la tarde, los lunes y los miércoles voy a mis clases particulares de Inglés, y los martes **quedo** con Carlos para jugar al tenis y charlar de nuestras cosas; **me río** mucho con él. Nunca vuelvo a casa después de las siete, porque siempre **tengo** que hacer deberes.

a Javi nunca coge el autobús para ir al instituto.   (V) (F)
b Todos los días va a clases de Inglés.   (V) (F)
c Queda con Carlos los sábados y los domingos.   (V) (F)
d Termina sus clases a las tres.   (V) (F)
e Vuelve a casa antes de las siete.   (V) (F)

5 **Clasifica los verbos en presente de indicativo resaltados en el texto del ejercicio 4. Luego, conjúgalos en todas las personas en tu cuaderno.**

-AR	-ER	-IR	Reflexivos

6 **Ahora escribe los infinitivos de los verbos irregulares del ejercicio 4. ¿Recuerdas qué irregularidad tienen?**

7 **Escribe qué hace cada persona en las fotos siguientes.**

a dormir   b vestirse   c ducharse   d jugar

Luisa ....   Yo ....   Tú ....   Ellos ....

8 **Escribe un texto similar al del ejercicio 4 para explicar cómo es un día normal en tu vida.**

once **11**

ASÍ SOMOS

1 Estos son los miembros de la familia de Javi. Escribe su descripción física como en el ejemplo.

a
Madre, Ángela, 45 años.

Se llama Ángela y tiene 45 años. Es morena, tiene el pelo corto y los ojos marrones.

b
Padre, Pedro, 48 años.

c
Abuela, María, 78 años.

d
Hermana, Isabel, 12 años.

2 Clasifica los siguientes adjetivos de descripción física y de carácter y escribe sus contrarios. ¿Cómo se dicen en tu lengua?

> gordo/a ▪ divertido/a ▪ antipático/a ▪ responsable ▪ feo/a ▪ abierto/a ▪ hablador/a ▪ fuerte ▪ joven ▪ alto/a ▪ tranquilo/a ▪ trabajador/a

Adjetivos de descripción física

Adjetivos	En tu lengua	Contrarios	En tu lengua
gordo/a	→	delgado/a	→
	→		→
feo/a	→		→
	→		→
	→		→

Adjetivos de carácter

Adjetivos	En tu lengua	Contrarios	En tu lengua
	→		→
	→		→
	→		→
divertido/a	→	aburrido/a	→
	→		→
	→		→

EL FIN DE SEMANA

Unidad 0

1 Javi habla con Carlos, su nuevo compañero de clase, sobre el fin de semana. Escucha y corrige los seis errores.

> **Carlos:** ¿Qué haces los fines de semana, Javi?
> **Javi:** Casi nunca voy al cine con mis padres. ¿Y tú?
> **Carlos:** Sí, voy siempre, pero los sábados por la tarde nunca voy a la bolera. ¿Tú también?
> **Javi:** Yo no, casi siempre. Prefiero jugar al fútbol.
> **Carlos:** ¡Ah! ¡Qué bien! ¿Y dónde juegas?
> **Javi:** A menudo jugamos en un polideportivo en mi barrio.
> **Carlos:** Pues yo a veces juego al fútbol, prefiero el tenis.

2 Coloca en el cuadro las actividades de tiempo libre que hacen Carlos y Javi.

	Siempre	Casi siempre	A menudo	A veces	Casi nunca	Nunca
Javi			ir al cine			
Carlos						

3 Aquí tienes una lista de actividades cotidianas y de tiempo libre. Relaciónalas con su imagen correspondiente.

a Jugar al fútbol. ◯
b Ir a la bolera. ◯
c Chatear. ◯
d Ir en bici. ◯
e Ver la tele. ◯
f Escuchar música. ◯
g Nadar. ◯
h Leer. ◯

4 Pregunta a tu compañero/a qué actividades del ejercicio 3 hace los fines de semana.

▶ ¿Ves la tele los fines de semana? ▷ Sí, a veces veo la tele.

trece **13**

EXPRESAR GUSTOS

A mí A ti A él/ella/usted A nosotros/as A vosotros/as A ellos/ellas/ustedes	(no)	me te le nos os les	encanta(n) gusta(n)	∅ muchísimo mucho bastante un poco nada

> ❗ ■ Recuerda que:
> - **gusta** + nombre singular/infinitivo:
>   – **Me gusta** la lectura.
>   – **Me gusta** escribir cartas.
> - **gustan** + nombre plural: – **Me gustan** las novelas de aventuras.
>
> ■ Con el verbo **encantar** no se pueden usar los adverbios de intensidad:
>   – Me encantan los libros   Me gustan mucho los libros
>   de misterio.   =   de misterio.

1 Isabel, la hermana de Javi, tiene 12 años. Estas son las cosas que le gustan, ordenadas de más a menos y forma frases con ellas.

➕
- **a** el chocolate ➡ ....
- **b** las Matemáticas ➡ ....
- **c** la piscina ➡ ....
- **d** el queso ➡ ....
- **e** bailar ➡ ....
- **f** Sevilla ➡ ....
- **g** los gatos ➡ ....
- **h** los días de lluvia ➡ ....
- **i** el fútbol ➡ ....
➖

2 ¿Estás de acuerdo con los gustos de Isabel? Fíjate en el cuadro y habla con tu compañero/a.

EXPRESAR ACUERDO Y DESACUERDO

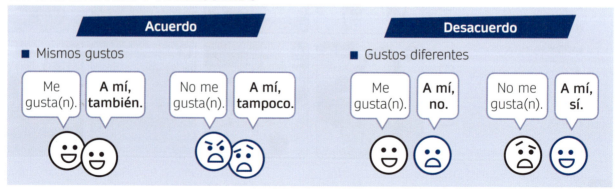

▶ *A Isabel le gusta el chocolate, y a mí también.*   ▷ *A Isabel no le gusta el fútbol, y a mí tampoco.*

14 catorce

Unidad 0

3 Observa los dibujos y completa la lista de prendas de vestir que llevan los personajes y su color.

El chico lleva:
Unos z............... s m...............
Un p............... v...............
Una c............... n...............
Una c............... de r...............
Una g............... a...............

La chica lleva:
Unas s............... s a...............
Una f............... v...............
Un c............... m...............
Una c............... r...............

4 Describe la ropa de tu compañero/a en tu cuaderno.

5 Relaciona estos medios de transporte con su fotografía correspondiente. Después, encuéntralos en la sopa de letras.

- ☐ a pie
- ☐ avión
- ☐ monopatín
- ☐ tren
- ☐ coche
- ☐ barco
- ☐ bicicleta
- ☐ a caballo
- ☐ moto

a	b	r	b	i	c	i	c	l	e	t	a	f	h	m	n	a
o	a	p	l	a	f	j	k	l	o	r	m	s	t	u	r	p
l	r	f	m	o	n	o	p	a	t	í	n	f	g	h	t	i
t	c	m	ñ	o	p	e	r	t	g	h	v	b	a	h	r	e
e	o	o	b	a	í	m	o	p	ñ	o	v	v	t	u	s	o
y	q	t	k	l	q	e	r	f	g	u	i	h	ñ	l	k	l
m	n	o	l	l	a	b	a	c	a	ó	g	u	v	ó	m	v
n	ó	l	u	t	y	u	d	e	n	f	g	h	f	t	b	x
m	p	o	ñ	k	q	a	z	n	o	p	ñ	r	q	a	w	e
s	c	o	c	h	e	g	h	r	n	u	t	e	n	e	r	t

6 Completa el siguiente texto sobre Madrid con las sílabas que faltan. Después, escucha y comprueba.

Madrid es la ....pital de España. Está en el ....tro del país y tiene mu........ co........ intere........tes. Tiene un par........ muy bonito que se ....ma El Retiro, con un pe........ño la........ Tam........ tiene un pala........, el Palacio Real, cerca de la Puerta del Sol. La Pla........ Ma........ es otro de los ....tios más turísticos. A mí me encanta el estadio de fútbol Santiago Bernabéu y el mercado típico de los domin........, El Rastro. La ....te de Madrid es muy simpática. ....ro ....ver pronto para disfrutar de sus deli........sas tapas de torti........, pae........, ...món, ...rizo, ...so, espá........gos, ...bas al a........llo, mmmm. Lo único que no tiene Madrid es pla........ ¡Qué pena! Espero regresar muy pronto. ¡........ta la ....ta, Madrid!

quince **15**

Unidad 1
¡CUÁNTAS COSAS!

Sesión de cine
- *En la papelería*

Comunicación
- Describir objetos y su utilidad
- Comparar objetos

Vocabulario
- Objetos de casa y de la clase
- Los números cardinales (100-900)
- Adjetivos descriptivos

Gramática
- *Para qué/para*
- Los comparativos
- Los pronombres demostrativos
- Los pronombres de objeto directo

Cultura
- Regalos y celebraciones

¿Qué ves?

1 Fíjate en la habitación de Javi y contesta.

a ¿Dónde está el póster del Real Madrid?
b ¿Dónde está el escritorio de Javi?
c ¿Qué hay encima del escritorio?
d ¿Qué hay a la derecha de la estantería?

2 Elige la respuesta correcta.

a La ventana está **encima de / a la derecha de / a la izquierda de** la estantería.
b La estantería está **a la derecha del / entre / debajo del** escritorio.
c El ordenador está **debajo del / encima del / entre el** escritorio.
d La silla está **delante del / a la derecha del / al lado del** escritorio.
e La guitarra está **dentro de / fuera de** la habitación.

16 dieciséis

Sesión de cine — VÍDEO
EN LA PAPELERÍA

Unidad 1

SINOPSIS

Laura, una estudiante de español, va a una tienda para comprar algunas cosas que necesita, pero no sabe todos los nombres en español. ¿El dependiente la va a ayudar? ¿Va a conseguir comprar todo lo que necesita?

1 Con tu compañero/a, discute tus respuestas a las siguientes preguntas.

a ¿Qué cosas tienes que comprar todos los años antes de empezar las clases?

b ¿Qué materiales escolares recibes de tu escuela?

c ¿Qué cosas necesitas llevar a tu clase de español?

2 Observa las siguientes imágenes del vídeo y responde a las preguntas.

a ¿En qué tipo de tienda estamos?

b ¿Qué crees que va a comprar esta chica?

c ¿Qué otras cosas venden en la tienda?

 3 Observa el vídeo y haz las actividades que te va a repartir tu profesor/a.

Secuencia de vídeo Actividades interactivas

diecisiete **17**

Hablar por hablar — COMUNICACIÓN

DESCRIBIR UN OBJETO

- Forma, dimensión, consistencia, etc.:
  - **¿Cómo es? Es...** *grande, pequeño, cuadrado, redondo, rectangular, blando, duro.*
- Material:
  - **¿De qué es? Es de...** *plástico, metal, cristal, cuero, madera.*
- Utilidad o uso:
  - **¿Para qué sirve?**
  - **¿Para qué se usa?**   **Sirve para.../Se usa para...** *leer, escribir, escuchar música.*

1 Completa la descripción de estos objetos.

Cedés: .... redondos, de plástico y .... reproducir sonido e imágenes.

Goma de borrar: .... pequeña, blanda y .... quitar lo escrito o dibujado.

Portátil: .... rectangular, ... metal y plástico y .... trabajar, leer, escribir y conectarse a internet.

Estuches: .... cuadrados y .... guardar los cedés.

2 Javi le está enseñando su nuevo ordenador a su abuela. Escucha el diálogo y completa los espacios que faltan en la conversación. Después, representa el diálogo con tu compañero/a.

Abuela: Javi, ¿me explicas para qué a .... esas cosas?
Javi: Sí, abuela, son los accesorios de mi nuevo ordenador. Esto se llama "teclado" y sirve b .... escribir.
Abuela: Ya, ¿y eso de ahí? ¿c .... una televisión?
Javi: No, abuela, es el monitor y d .... para ver las imágenes y leer los textos.
Abuela: Vale. ¿Y eso e .... que tienes debajo de la mano?
Javi: Esto es el ratón y f .... seleccionar las opciones que quiero utilizar.

3 Ahora, piensa en un objeto y tu compañero/a tiene que averiguarlo haciendo preguntas.

18 dieciocho

Unidad 1

COMPARAR CUALIDADES DE OBJETOS O PERSONAS

La silla es **más** moderna **que** el sofá.
El sofá es **menos** nuevo **que** la silla.
La silla es **tan** cómoda **como** el sofá.

!
- Comparativos irregulares:
  - *más bueno* → **mejor**
  - *más malo* → **peor**
  - *más grande/viejo* → **mayor**
  - *más pequeño/joven* → **menor**

Ver **Apéndice gramatical** p. 82

4 Relaciona las imágenes con sus nombres y, después, con sus características.

- a Teléfono móvil.
- b Teléfono fijo.
- c Radio.
- d Mp4.
- e Ordenador portátil.
- f Ordenador de mesa.

- 1 Moderno, práctico, frágil. 990 euros.
- 2 Pesado, grande, resistente. 750 euros.
- 3 Nuevo, atractivo, ligero. 200 euros.
- 4 Clásico, sencillo, fácil de usar. 40 euros.
- 5 Vieja, pesada, incómoda. 20 euros.
- 6 Ligero, cómodo, pequeño. 90 euros.

5 Compara los objetos anteriores utilizando las estructuras para comparar.

Actividades interactivas

Palabra por palabra VOCABULARIO

Objetos de casa y de la clase

Casa

Clase

1 Escribe las palabras anteriores en su lugar correspondiente.

Aparatos	Material escolar	Muebles	Objetos de decoración

2 Completa.

a Javi tiene un .... del Real Madrid en su habitación.
b Usa el .... para escribir los ejercicios.
c Este .... de español es muy interesante.
d En la exposición hay un .... de Goya.
e Estas .... no cortan bien.

3 Señala el adjetivo incorrecto para cada una de las siguientes palabras.

1 aspiradora:
 a ruidosa
 b pesada
 c frágil

2 ordenador:
 a de mesa
 b de cristal
 c portátil

3 planta:
 a natural
 b divertida
 c artificial

4 estanterías:
 a de madera
 b de metal
 c eléctricas

5 silla:
 a alta
 b abierta
 c baja

6 móvil:
 a pequeño
 b triangular
 c práctico

7 mesa:
 a cuadrada
 b redonda
 c blanda

8 jarrón:
 a antiguo
 b clásico
 c simpático

Unidad 1

Los números del 100 al 900

 4 Escucha y lee.

100	cien	526	quinientos veintiséis
101	ciento uno	600	seiscientos
200	doscientos	669	seiscientos sesenta y nueve
202	doscientos dos	700	setecientos
300	trescientos	720	setecientos veinte
303	trescientos tres	800	ochocientos
400	cuatrocientos	897	ochocientos noventa y siete
415	cuatrocientos quince	899	ochocientos noventa y nueve
500	quinientos	900	novecientos

 5 Escribe los números que escuches. Luego, escríbelos en letras.

a ____ : ....
b ____ : ....
c ____ : ....
d ____ : ....
e ____ : ....
f ____ : ....
g ____ : ....
h ____ : ....

6 Escribe en letras los números siguientes.

a 185: *ciento ochenta y cinco*
b 202: ....
c 450: ....
d 753: ....
e 560: ....
f 941: ....

7 Lee en voz alta tus números y tu compañero/a tiene que escribirlos en letras.

Alumno A: 349, 455, 788, 519

Los números de tu compañero/a:
a ....
b ....
c ....
d ....

Alumno B: 746, 623, 590, 168

Los números de tu compañero/a:
a ....
b ....
c ....
d ....

Actividades interactivas

veintiuno **21**

GRAMÁTICA

LOS PRONOMBRES DEMOSTRATIVOS

Distancia con respecto a quien habla	singular		plural		neutro
	masculino	femenino	masculino	femenino	
Aquí (cerca)	este	esta	estos	estas	esto
Ahí (intermedio)	ese	esa	esos	esas	eso
Allí (lejos)	aquel	aquella	aquellos	aquellas	aquello

- Los pronombres demostrativos (masculinos y femeninos) son iguales a los adjetivos demostrativos.
- Los pronombres demostrativos neutros (*eso*, *esto*, *aquello*) se usan para identificar una cosa que no se conoce:
  – ¿Qué es **esto/eso/aquello**? – **Esto/Eso/Aquello** es un libro de español.

  También para referirnos a un conjunto de cosas:
  – ¿De quién es **eso**? – Todo **eso** es de Juan.

  No se usan nunca para las personas.

Videogramas

Ver **Apéndice gramatical** p. 82

1. Quiero **esa** carpeta.

2. ¿Quieres **esta** o **aquella**?

- En la frase 1, **esa** es un **adjetivo demostrativo**, que acompaña siempre a un nombre.
- En la frase 2, **esta** y **aquella** son **pronombres demostrativos**, que sustituyen al nombre al que se refieren (en este caso, carpeta).

1 Completa las frases con los correspondientes pronombres demostrativos.

a Este ordenador es muy lento. .... de ahí es más rápido.

b ¿Qué es .... de allí? No lo veo bien.

c Aquella pizarra está muy lejos. .... (de aquí) está más cerca.

d Aquellos edificios son más modernos que .... (de ahí).

e Mira, esos cedés de ahí son tan baratos como .... (de aquí).

f Quiero ese bolígrafo, ... que estoy usando no escribe.

2 Vuelve a leer el diálogo de Javi y Sara en la página 17 y señala los pronombres y los adjetivos demostrativos. Los pronombres, ¿a qué nombre sustituyen?

Unidad 1

LOS PRONOMBRES DE OBJETO DIRECTO

yo	me
tú	te
él/ella/usted	lo/la
nosotros/as	nos
vosotros/as	os
ellos/ellas/ustedes	los/las

> En español, el objeto directo va introducido por la preposición **a** cuando indica un nombre de persona o animal.

Uso todos los días **el ordenador**. → **Lo** uso todos los días.
Guardo **la bicicleta** en la terraza. → **La** guardo en la terraza.
Llamo **a Cristina** por teléfono. → **La** llamo por teléfono.

Videogramas

3 La habitación de Isabel está muy desordenada. Ayuda a Isabel a ordenarla. Debes formar frases correctas combinando las columnas, como en el ejemplo.

- a El portátil
- b La ropa sucia
- c Las revistas
- d El cepillo de dientes
- e Las pinturas y los bolígrafos
- f La bicicleta

- la sacamos
- los metemos
- lo ponemos
- lo llevamos
- las colocamos
- la ponemos

- dentro del cesto.
- en la estantería.
- al baño.
- en el escritorio.
- a la terraza.
- en el estuche.

4 ¿Sabes dónde podemos comprar estos objetos? Completa como en el ejemplo.

a El libro ....**lo**.... puedes comprar en	**la librería**
b Los ordenadores .... puedes comprar en	
c La planta .... puedes comprar en	
d El periódico .... puedes comprar en	
e Las gafas .... puedes comprar en	
f Las tartas .... puedes comprar en	

5 Escribe frases. Sigue el ejemplo.

a Llamar / a mi hermana / por teléfono.
→ **La llamo por teléfono.**

b Buscar / a ti / en la biblioteca.
→ ....

c Invitar / a la fiesta / a mis amigos.
→ ....

d Acompañar / a vosotros / al cine.
→ ....

e Querer / a Juan y Carlos / mucho.
→ ....

f No / conocer / a vosotros.
→ ....

Actividades interactivas

veintitrés 23

Mundo hispano
Cultura
Regalos y celebraciones

a. El santo

b. El cumpleaños

c. San Valentín

d. El ratoncito Pérez

1 Aquí tienes varios acontecimientos que en España pueden ser motivo para hacer o recibir regalos. Relaciona los acontecimientos con su descripción.

Texto ❶ ☐

Es un día de celebración, especialmente para las personas que tienen nombres de santos de gran tradición en España, como San José (19 de marzo), Santiago (25 de julio), la Virgen del Carmen (16 de julio) y la Virgen del Pilar (12 de octubre), entre otros muchos. Ese día se celebra una fiesta familiar o se invita a los amigos a una bebida.

Texto ❷ ☐

Se celebra el día 14 de febrero y es el día que dedicamos a la persona que amamos. Es costumbre regalar cosas personales o flores, especialmente a las chicas. Por influencia de otros países, cada vez es más común recibir tarjetas con pequeños textos románticos de sus enamorados.

Texto ❸ ☐

Es un personaje infantil que se identifica con la caída de los dientes en los niños. Cuando un niño pierde un diente, los padres le regalan dinero. Pero lo normal es esperar a la noche, cuando el ratoncito "recoge" nuestro diente y nos deja dinero bajo la almohada.

Texto ❹ ☐

Es la fiesta del aniversario del nacimiento de una persona. Ese día se celebra con la familia y los amigos. Los niños lo celebran normalmente con una merienda para los invitados, juegos y, por supuesto, la tradicional tarta con velas. Normalmente te tiran de las orejas el número de veces de tu aniversario.

2 Contesta verdadero (V) o falso (F) según el texto.

a Ⓥ Ⓕ En los cumpleaños es común tirar de las orejas al protagonista de la celebración tantas veces como años cumple.

b Ⓥ Ⓕ El santo es una tradición que solo los niños celebran.

c Ⓥ Ⓕ En San Valentín es típico enviar por correo una tarjeta anónima a la persona que amas.

d Ⓥ Ⓕ El ratoncito Pérez premia a los niños por su diente dejando dinero debajo de la almohada.

Unidad 1

El carnaval de Oruro

En la ciudad boliviana de Oruro se celebra un carnaval muy famoso: el carnaval de Oruro.
En 2001 la UNESCO declaró esta celebración Obra Maestra del Patrimonio Oral e Intangible de la Humanidad.
Se celebra durante la semana antes de la Cuaresma y dura ocho días.
Durante los desfiles del carnaval, se baila la Diablada. La gente baila con máscaras y un traje de diablo.

El carnaval de las islas Canarias

Cada mes de febrero, Santa Cruz de Tenerife, una de las dos capitales de las islas Canarias, celebra su carnaval.
Este carnaval es el segundo más grande del mundo. El primero es el de Río de Janeiro, en Brasil.
El carnaval tiene dos partes: el carnaval oficial y el carnaval de la calle. En el carnaval oficial participan más de 100 grupos; el carnaval de la calle está abierto a todo el mundo y participan miles de personas.
Este carnaval se celebra desde el siglo XVII. Los ingredientes más importantes del carnaval son: los disfraces, el maquillaje, la música y la danza.
Esta fiesta es un evento enorme y se necesita un año para organizarlo.

FIESTAS | EL CARNAVAL DE BARRANQUILLA

3 Contesta verdadero (V) o falso (F) según los textos.

a (V) (F) Oruro está en Bolivia.

b (V) (F) Barranquilla es una ciudad colombiana.

c (V) (F) El carnaval de Oruro es uno de los más importantes del mundo.

d (V) (F) En las islas Canarias el carnaval se celebra desde el siglo XV.

e (V) (F) El personaje más querido del carnaval de Barranquilla es el diablo.

❝¡Hola! Soy Manuel y vivo en Barranquilla, Colombia. Mi ciudad es caribeña y está al norte de Colombia. Es un lugar muy importante porque allí celebramos el carnaval de Barranquilla. Los personajes más famosos del carnaval son la reina del carnaval y el diablo Arlequín. La reina es el personaje más querido y el diablo es el personaje menos popular. ¡Todos temen al diablo! A mí me gusta esta celebración porque me encantan los disfraces. ¡Me gusta pintarme de verde! ¿Te gusta disfrazarte? ¿Qué disfraz te gusta?".

Actividades interactivas   Spanish Blogger - Misión 7

veinticinco **25**

Unidad 2
¿QUÉ TIEMPO VA A HACER?

Sesión de cine
- *Creo que va a llover*

Comunicación
- Expresar obligación, hacer recomendaciones y consejos
- Expresar planes e intenciones
- Hablar del tiempo atmosférico

Vocabulario
- El tiempo atmosférico
- Las estaciones del año
- Puntos cardinales

Gramática
- *Hay que, tener que, deber* + infinitivo
- *Ir a* + infinitivo
- Expresiones temporales referidas al futuro
- Los verbos impersonales

Literatura
- *Lluvia*, de Guillermo Cabrera Infante
- *¿Quedamos para estudiar?*

Spanish Blogger — Misión 8

¿Qué ves?

1 Fíjate en la imagen y contesta.
- a ¿Dónde están los chicos?
- b ¿Qué hacen?
- c ¿Qué estación del año es?

2 Con tu compañero/a, describe a estos chicos.

3 Marca las prendas de vestir que llevan los chicos.
- ☐ falda
- ☐ guantes
- ☐ gorro
- ☐ gafas
- ☐ pantalones
- ☐ chanclas
- ☐ bufanda
- ☐ chándal
- ☐ traje
- ☐ camisa

26 veintiséis

Sesión de cine — VÍDEO
CREO QUE VA A LLOVER

Unidad 2

SINOPSIS

Olga piensa salir de casa, pero alguien le advierte de que va a cambiar el tiempo. ¿Va a cambiar de idea o va a vestirse adecuadamente y va a salir de todos modos?

1 Haz a tu compañero/a las siguientes preguntas.

a ¿Qué tiempo hace hoy?
b ¿Qué ropa llevas cuando llueve?
c ¿Qué ropa llevas cuando hace frío?
d ¿Llevas paraguas cuando llueve?

2 Fíjate en las imágenes del vídeo y responde a las preguntas.

a ¿Qué lleva la chica? ....
b ¿Adónde crees que va? ....
c ¿Con quién crees que habla? ....
d ¿Qué tiempo crees que hace? ....
e ¿Qué necesita llevar? ....

 3 Observa el vídeo y haz las actividades que te va a repartir tu profesor/a.

Secuencia de vídeo ▶   Actividades interactivas ⚙

veintisiete **27**

COMUNICACIÓN

HABLAR DEL TIEMPO ATMOSFÉRICO

- ¿Qué tiempo hace?

– En el norte de España **llueve** mucho.
– En Andalucía casi nunca **nieva**.

1 Completa las siguientes frases.

a Mañana voy a la playa porque .... calor.
b En esta época .... nieve en la montaña.
c El este de España .... nublado.
d Hoy me llevo el paraguas porque ....
e Las hojas de los árboles caen porque .... viento.
f En la televisión dicen que en Barcelona .... niebla.

2 Escucha estos tres diálogos y completa. Luego, relaciónalos con sus imágenes.

Diálogo 1
▶ Voy a coger el paraguas, porque ....
▷ Sí, seguro que va a llover. ¡Qué ....!

Diálogo 2
▶ ¡Qué día tan bonito!
▷ Sí, ... y todo el mundo sale a la calle.

Diálogo 3
▶ Mira, está todo blanco.
▷ Brrr. Sí, ... por todos lados y hace mucho ....

3 Habla con tu compañero/a sobre el tiempo que hace hoy.

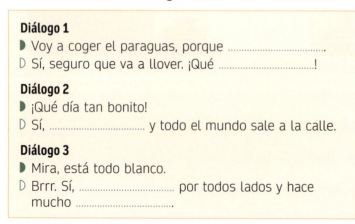

Unidad 2

HABLAR DEL TIEMPO QUE HACE

- ¡**Qué** frío/calor (**hace**)!
- ¡**Qué** frío/calor **tengo**!
- ¿**Tienes** frío/calor?
- **Hace** mucho/muchísimo frío/calor.
- ¿**Qué día/tiempo** hace?
- **Hace** un día muy bueno/malo.
- **Estamos** a 20 grados.
- **No hace nada de** frío/calor.

4 Observa las siguientes fotografías y relaciónalas con las frases anteriores.

a .... b .... c .... d ....

5 Escucha y completa el mapa con estos dibujos.

- lluvia
- nieve
- nubes
- sol
- calor
- nublado
- viento

6 Pregunta a tu compañero/a por el tiempo que hace en las ciudades que te faltan.

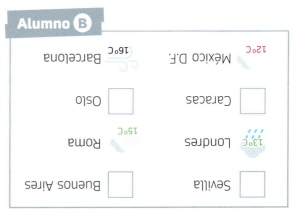

Actividades interactivas

veintinueve **29**

Palabra por palabra VOCABULARIO

El tiempo atmosférico

1 Escucha las siguientes audiciones sobre el tiempo en España y completa. Luego di a qué estación del año corresponde cada texto.

1. Primavera

a. Es especialmente duro .... e interior de España, con temperaturas bajo cero y .... frecuente. También son habituales otros fenómenos como el ...., la niebla o el .... En el sur y Levante es más suave.

2. Verano

b. Es bastante inestable. Hace ...., frío, viento, pero también .... mucho y a veces .... Es una época perfecta para ver el campo verde y lleno de flores. Las temperaturas varían entre los 15 y los 25 ....

3. Otoño

c. Es un periodo muy caluroso, especialmente en el sur del país y el interior. Hace muy .... con temperaturas entre los 35 y los 40 grados. También son frecuentes las ...., con rayos y truenos.

4. Invierno

d. Normalmente hace ...., pero no demasiado. .... bastante y también nieva, especialmente en el .... de España. Además son frecuentes las nieblas. Las temperaturas están entre los 5 y los 20 grados.

2 Busca en el diccionario el significado de estas palabras nuevas en tu idioma.

- a inestable ➡ ....
- b caluroso/a ➡ ....
- c duro/a ➡ ....
- d rayo (el) ➡ ....
- e trueno (el) ➡ ....
- f bajo cero ➡ ....
- g relámpago (el) ➡ ....
- h bochorno (el) ➡ ....
- i fenómeno (el) ➡ ....
- j niebla (la) ➡ ....

3 Completa con las palabras anteriores.

- a En verano el tiempo es .... y hace mucho ....
- b En Noruega ahora están .... Hace mucho frío.
- c ¿Has escuchado? Hay .... y truenos.
- d Mi padre no ve nada en el coche, porque esta mañana hay ....
- e En esta época el tiempo es muy .... Hoy llueve y mañana hace sol.

30 treinta

Unidad 2

En invierno En verano En la costa En el interior En el norte En el sur En el este En el oeste	(no)	hace hay está llueve nieva	demasiado mucho/a/s bastante un poco (de) nada (de)	frío. calor. nieve. lluvia. hielo. sol. viento. niebla. nubes. nublado.

4 Ordena las siguientes frases.

a bastante / frío. / hace / montaña / En / la
....

b todo / hace / Canarias / tiempo / En / el / buen / año.
....

c pero / también / la / hace / mucho / calor / hace / En / playa / viento.
....

d España / En / norte / en / de / el / hay / y / niebla. / invierno / lluvia
....

e mal / llueve / tiempo. / y / Galicia / hace / En
....

5 Fíjate en este mapa de España y explica a tu compañero/a el tiempo que hace.

En España en invierno, normalmente hace mucho frío y llueve. En el norte...

6 Describe ahora cómo es el tiempo en tu país.

Actividades interactivas

treinta y uno **31**

GRAMÁTICA

IR A + INFINITIVO

- Para expresar **planes** o **intenciones en el futuro**: *Esta tarde voy a ir al cine.*
- Para hablar de **algo que va a ocurrir con seguridad**: *Hay nubes en el cielo, va a llover.*

yo	voy
tú	vas
él/ella/usted	va
nosotros/as	vamos
vosotros/as	vais
ellos/ellas/ustedes	van

a + infinitivo

- Expresiones temporales referidas al futuro:
  Hoy, mañana, ahora
  Esta mañana/tarde/noche/semana…
  Este lunes/mes/año…
  La semana/el mes/el jueves que viene
  La próxima semana
  El próximo jueves/invierno/año…

– El mes que viene **voy a visitar** a mis abuelos.
– Esta tarde **voy a jugar** al tenis.

– El próximo año **voy a estudiar** francés.
– Son las dos, ahora **voy a comer**.

Videogramas

1 Inés escribe a su amiga Elena para contarle sus planes para el próximo año. Completa el texto usando la estructura anterior.

```
Mensaje nuevo

¡Hola, Elena!
¿Cómo estás? Yo estoy muy bien y muy contenta porque el próximo año a ..................................
(yo, hacer) muchas cosas nuevas. ¿Sabes que b .................................. (nosotros, vivir) en
Barcelona? Es que mi padre c .................................. (cambiar) de trabajo. Mi hermana Celia y
yo d .................................. (estudiar) en un nuevo colegio. Seguro que e ..................................
(nosotras, conocer) a mucha gente interesante. También f ..................................
(nosotras, aprender) a jugar al tenis, porque tenemos una pista cerca de casa. ¡Qué
bien! Bueno, ¿g .................................. (tú, venir) a visitarnos? Espero que sí. Ahora me
h .................................. (dormir).
Muchos besos y escribe pronto.
Inés.
```

2 Y tú, ¿qué planes tienes para este fin de semana? Habla con tu compañero/a. Puedes usar este vocabulario.

hacer deporte

salir con mis amigos

ir al parque

visitar a mis abuelos

tomar el sol

ir de compras

Unidad 2

HAY QUE, TENER QUE, DEBER + INFINITIVO

- Para expresar una **obligación** o una **necesidad en general**:
  Hay que + infinitivo ➜ En clase **hay que hablar** español.

- Para expresar una **obligación** o una **necesidad de alguien en particular**:
  Tener que + infinitivo ➜ Para mis exámenes **tengo que estudiar** mucho.

- Para expresar una **necesidad como recomendación** o **consejo** a alguien en particular:
  Deber + infinitivo ➜ Si tienes sueño, **debes dormir** más.

Videogramas

3 Completa las frases con el verbo correcto.

a Este verano voy a viajar a Estados Unidos. .... que llevar mi pasaporte.

b Mañana, Pedro y José juegan un partido de fútbol. .... levantarse temprano.

c ¡Chicos! Son las doce de la noche. .... que dormir.

d Bárbara tiene un examen la próxima semana. .... estudiar.

e Tu habitación está muy desordenada. .... que ordenarla.

f La fruta .... que tomarla después de la comida.

4 Elige el verbo correcto.

a Si quieres ir al cumpleaños de Ana, **tienes** / **debes** llevar un regalo.

b Para viajar a un país extranjero, **hay** / **debes** que llevar pasaporte.

c Estoy ocupado, **tengo** / **hay** que estudiar mucho.

d Me encanta el restaurante, pero ¿cuánto **debo** / **hay** que pagar para comer?

e Lo siento, ahora no puedo hablar contigo porque **tengo** / **debo** que irme.

f En casa siempre **hay** / **debemos** ayudar a los padres.

5 Enrique es un chico rebelde. Aquí tienes una lista de cosas que no hace correctamente. Completa las frases con las cosas que debe mejorar usando *tener* o *deber*.

- No estudia mucho.
- Llega siempre tarde al colegio.
- Nunca ordena su habitación.
- Nunca hace los deberes.
- Habla mal a su hermana.
- No hace deporte.

a Enrique .... que estudiar más.

b Al colegio .... que llegar puntual.

c Enrique .... ordenar su habitación.

d Enrique .... hacer los deberes.

e No .... hablar mal a su hermana.

f .... que hacer deporte.

Actividades interactivas

treinta y tres **33**

Érase una vez... LITERATURA

Guillermo Cabrera Infante

Escritor y guionista nacido en Cuba que, por su obra, ganó entre otros el Premio Cervantes. Su novela más conocida es *Tres tristes tigres* y entre sus libros de cuentos destaca *Así en la paz como en la guerra*.

1 Lee y escucha.

Lluvia

En Cuba cuando llueve, llueve, y solamente en el campo llevan los guajiros algo con lo que protegerse de la lluvia, chubasqueros o capas de plástico, y en La Habana, por lo menos en esta parte de La Habana en que queda el cine "Rialto" (que no es La Habana Vieja ni La Habana Nueva), hay portales, columnadas, corredores por los que es posible caminar varias cuadras bajo la más espesa lluvia sin mojarse apenas.

(Adaptado de la novela *La Habana para un infante difunto*, Guillermo Cabrera Infante)

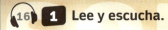

2 Relaciona las palabras con las imágenes correspondientes.

a columnada	c cuadra	e portal
b guajiro	d chubasquero	f mojarse

- "Guajiro", con este significado se usa solo en Cuba, en el resto de los países hispanohablantes se dice "campesino".
- En Hispanoamérica llama "cuadra" a lo que en España se le llama "manzana".

3 Una de estas afirmaciones es falsa, indica cuál.

a ☐ En Cuba cuando llueve, lo hace con mucha fuerza.
b ☐ La gente de La Habana no suele llevar ropa para protegerse de la lluvia.
c ☐ En la Habana no es posible caminar sin mojarse.
d ☐ La Habana se divide en la Habana Vieja y La Habana Nueva.

Unidad 2

4 ¿Qué cosas de la lista haces habitualmente el fin de semana? Habla con tus compañeros.

a Escuchar música.
b Practicar deporte.
c Ir al cine.
d Ir a la biblioteca.
e Ir a clase.
f Estudiar.

5 Lee el texto.

¿Quedamos para estudiar?

Son las cinco de la tarde y, como todos los viernes, Marta, Luisa y Cristina quedan el parque para planear el finde. Pero esta vez va a ser diferente. Las chicas no tienen mucho tiempo para salir a divertirse, porque la próxima semana tienen que hacer tres exámenes. La idea es reunirse para estudiar. Sin embargo, las jóvenes no se ponen de acuerdo, porque las tres tienen algunas cosas que hacer.

La madre de Cristina trabaja este sábado y la chica tiene que cuidar a su hermano pequeño, porque la guardería está cerrada. Además, tiene que preparar la comida y terminar un trabajo de clase. Por su parte, Luisa va a ir al dentista y después va a acompañar a sus padres al supermercado. Marta va a visitar a sus abuelos y luego va a ir a la biblioteca a buscar un libro. A Marta le encantan las Matemáticas y prefiere ayudar a sus compañeras. Así que las tres van a intentar verse el sábado por la tarde en la biblioteca del barrio.

Si todo va bien, el domingo van a tener tiempo para salir, después de una tarde de trabajo en equipo. ¡La unión hace la fuerza!

6 Di si las siguientes frases son verdaderas (V) o falsas (F).

a Las chicas van a estudiar el sábado por la mañana. V F
b Marta va a ir al dentista con Luisa. V F
c Marta tiene que ir a casa de sus abuelos. V F
d Cristina tiene que llevar a su hermano a la guardería. V F
e A Marta no le gustan las Matemáticas. V F
f Las chicas van a estudiar juntas. V F

7 Escribe una lista con las obligaciones de Marta, Luisa y Cristina.

El sábado por la mañana...

Marta — *va a visitar a sus abuelos.*

Luisa —

Cristina —

8 Elige la opción correcta.

1 Las chicas son muy...
a responsables.
b despistadas.

2 Las chicas tienen...
a muchos planes.
b muchas obligaciones.

3 A Marta le gustan mucho...
a las Matemáticas.
b los estudios.

9 Escribe sobre tu fin de semana. Haz una lista de tus planes y otra lista de tus obligaciones. Luego, compárala con las de tus compañeros y elige quién tiene más tiempo libre en la clase.

Actividades interactivas   Spanish Blogger - Misión 8

Unidad 3
HOY HE ESTUDIADO MUCHO

Sesión de cine
- ¿Qué has hecho hoy?

Comunicación
- Hablar de acciones terminadas en un pasado reciente
- Hablar de experiencias sin referencia temporal
- Hablar de la posesión

Vocabulario
- Medios de comunicación
- Tipos de prensa

Gramática
- Pretérito perfecto: morfología y usos
- Expresiones temporales referidas al pretérito perfecto
- Los posesivos pospuestos

Cultura
- La educación

Spanish Blogger — Misión 10

1 Fíjate en la imagen y elige la opción correcta.

1 Los chicos están en...
  a una biblioteca.
  b una librería.
  c una papelería.

2 Ellos en ese lugar...
  a han comprado.
  b han estudiado.
  c han trabajado.

3 El chico lleva...
  a una cazadora vaquera.
  b una camisa blanca.
  c gafas.

4 En la imagen, los chicos...
  a están leyendo.
  b están comprando.
  c están buscando.

5 En el lugar hay...
  a mucha gente.
  b muchos libros.
  c pocos libros.

6 Uno de ellos dice...
  a ¿Dónde está el *Quijote*?
  b ¿Dónde hay el *Quijote*?
  c ¿Dónde están el *Quijote*?

2 Describe ahora la imagen a tu compañero/a.

Sesión de cine — VÍDEO

Unidad 3

¿QUÉ HAS HECHO HOY?

SINOPSIS

La madre de Javi llega y hablan sobre lo que han hecho los dos durante el día. Entonces oyen un ruido y se callan, ¿hay alguien más en casa?

1 Observa las imágenes e imagina lo que sucede. Compártelo con tu compañero/a.

a ¿De dónde viene la mujer?

b ¿De qué hablan?

c ¿Qué crees que busca?

d ¿Dónde han ido Javi y su madre?

2 Observa el vídeo y haz las actividades que te va a repartir tu profesor/a.

Secuencia de vídeo   Actividades interactivas

treinta y siete **37**

COMUNICACIÓN

HABLAR DEL PASADO RECIENTE Y DE NUESTRAS EXPERIENCIAS

- Para hablar de acciones terminadas en un pasado reciente:
  - ¿Qué **has desayunado** esta mañana?
  - **He desayunado** café y tostadas.

- Para preguntar/decir cuántas veces se ha hecho una cosa:

  ¿**Alguna vez** has estado en México?

  Nunca he estado en México.
  He estado en México **una vez/dos veces/ alguna vez/varias veces/muchas veces**...

  Ver **El pretérito perfecto** p. 55

TODAVÍA NO/YA

- Para decir que **no se ha hecho** una cosa, pero se quiere hacer en el futuro:
  - **Todavía no** he visto la última película de Tim Burton.

- Para decir que **se ha hecho** una cosa, pero no importa cuándo:
  - **Ya** he viajado en globo.

1 Pregunta a tres compañeros por sus experiencias y escribe sus respuestas. ¿Con quién tienes más en común?

	Nunca	Una vez	Varias veces	Muchas veces
¿Alguna vez has visitado España?	☐	☐	☐	☐
¿Alguna vez has visto a un famoso?	☐	☐	☐	☐
¿Has comido paella alguna vez?	☐	☐	☐	☐
¿Has jugado al tenis recientemente?	☐	☐	☐	☐
¿Has ido al teatro alguna vez?	☐	☐	☐	☐

2 Lee este texto sobre las experiencias de Anselmo y completa.

Anselmo, el profesor de Gimnasia, es una persona muy deportista y viajera. Practica atletismo y conoce muchos países. Tiene una medalla de un campeonato nacional de atletismo. Su mayor sueño es viajar a China y vivir allí una temporada. Habla tres idiomas, pero quiere empezar a estudiar chino y entrena duramente para participar en una olimpiada. Además, quiere ser entrenador olímpico.

Anselmo todavía no...
ha aprendido
ha participado en
ha estado en

Anselmo ya...
ha ganado
ha aprendido
ha visitado

 3 Ahora escucha a Anselmo y comprueba tus respuestas.

Actividades interactivas

Palabra por palabra VOCABULARIO

Unidad 3

Los medios de comunicación

1 Escucha y responde. ¿Qué tienen en común estas imágenes?

a ◯ Son aparatos.
b ◯ Son para leer y escuchar música.
c ◯ Son medios de comunicación.

2 Clasifica estas palabras en el cuadro correspondiente, algunas pueden clasificarse en los dos. Busca en el diccionario las palabras que no conoces.

> artículo ▪ programa ▪ reportaje ▪ documental ▪ noticias ▪ periódico digital
> portada ▪ radio ▪ entrevista ▪ página ▪ anuncios ▪ periodista ▪ presentador
> informativo ▪ ~~televisión~~ ▪ revistas ▪ ~~periódicos~~

Medios audiovisuales	Prensa escrita
televisión	periódicos

3 Observa estas cuatro publicaciones españolas y relaciónalas con el tipo de prensa al que corresponden.

a ◯ periódico
b ◯ prensa del corazón
c ◯ prensa deportiva
d ◯ revista de divulgación científica

treinta y nueve **39**

Las noticias de prensa

4 Lee esta noticia y fíjate en el nombre de las partes que la componen.

Titular →

EL TURISMO IDIOMÁTICO DEL ESPAÑOL CRECE EN TODO EL MUNDO

Subtítulo →

El número de viajeros que visitan España o América Latina para estudiar y aprender la lengua crece cada vez más.

Entrada →

Más de 858 000 turistas visitaron España el último año por motivos académicos, muchos de ellos relacionados con el idioma, según datos del Instituto Cervantes. El número de viajeros que mueve el aprendizaje del español está al alza, según los informes y expertos consultados.

Cuerpo de la noticia →

Las escuelas de español recibieron el pasado año 90 000 alumnos, un 8,5 % más que en el año anterior. A esta cifra hay que añadir los que acuden a otros centros, universidades u organismos públicos. España es el principal país receptor. A México llegan alrededor de 35 000, según el informe del Instituto Cervantes, y a Argentina, unos 50 000.

El perfil del turista idiomático es el de un joven de entre 13 y 25 años con una estancia mínima de una semana y que suele alojarse en casas de familias receptoras. Francia, Italia y Alemania son los principales países emisores en el caso de España. Los países hispanoamericanos reciben mayoritariamente a estadounidenses y brasileños.

5 Completa las siguientes frases con las partes de una noticia de prensa.

a La ………………………… es la parte de la noticia en la que se presenta un resumen de la información.
b El ………………………… sirve para presentar la información esencial de la noticia y atraer la atención del lector.
c El ………………………… desarrolla la información y aporta detalles y aspectos más completos de la noticia.
d El ………………………… añade algún detalle del titular pero no desarrolla la información.

6 Elige uno de estos titulares aparecidos en la prensa española y escribe la noticia completa, como la del ejercicio 4.

Las NOTICIAS del día en titulares

a Nadal sufre el robo de un reloj de medio millón de euros. MARCA.COM, (Mié, 1 de septiembre)
b Una fábrica despide por SMS a sus 18 trabajadoras. Diario de León.es, (Mar, 31 de agosto)
c Denuncian a un loro que les insultaba. www.eitb.com, (Mar, 17 de agosto)
d Viajeros de un tren de Barcelona a Milán se despiertan en Zúrich. EL PAÍS.com, (Mié, 18 de agosto)

Actividades interactivas

GRAMÁTICA

Unidad 3

PRETÉRITO PERFECTO

- El **pretérito perfecto** se forma con el presente de indicativo del verbo **haber** seguido del participio del verbo conjugado.

		viajar	entender	vivir
yo	he			
tú	has			
él/ella/usted	ha	viaj**ado**	entend**ido**	viv**ido**
nosotros/as	hemos			
vosotros/as	habéis			
ellos/ellas/ustedes	han			

Videogramas

- El **pretérito perfecto** indica acciones terminadas en un pasado reciente o no terminado. Normalmente va acompañado de estas **expresiones temporales**:
    - *Hoy* me he levantado muy tarde.
    - He salido de casa *hace* diez minutos.
    - *Últimamente* ha llovido bastante.
    - *Esta mañana/tarde/noche/semana* he trabajado mucho.
    - *Este mes/año/fin de semana* hemos viajado poco.

> El verbo **haber** y el participio no se pueden separar:
> – No he leído **nunca** el Quijote.
> – **Nunca** he leído el Quijote.

Ver **Apéndice gramatical** pp. 83, 84

1 Estas son las cosas que Sara ha hecho hoy. Completa con el pretérito perfecto.

a .... (levantarse) a las ocho.
b .... (ir) al colegio a las nueve.
c .... (correr) por el parque.
d .... (acostarse) a las diez y media.
e .... (comer) pollo con patatas.
f .... (desayunar) café y tostada.
g .... (hablar) por internet.
h .... (regresar) del colegio en bici.

2 Con tu compañero/a, escribe cuándo ha hecho Sara estas cosas.

Esta mañana...	Esta tarde...	Esta noche...
a,		

3 ¿Y tú? ¿Qué has hecho esta mañana? Habla con tu compañero/a.

cuarenta y uno **41**

4 Lee el correo que ha escrito Alberto a una amiga irlandesa y completa con el pretérito perfecto.

Hola, Louise:

Te escribo este correo porque ya **a** .... (yo, intentar) llamarte tres veces y el teléfono aparece siempre desconectado. Esta mañana **b** .... (yo, ir) al instituto, he abierto mi correo y me han escrito para comunicarme que, a causa del viento, el aeropuerto de Madrid **c** .... (cancelar) todos los vuelos a Irlanda del jueves. Menos mal, porque después he visto a mi profesora de Ciencias y me ha dicho que tenemos un examen muy importante este viernes por la mañana. Esta tarde mi madre me **d** .... (llevar) a una agencia a comprar otro billete. Allí **e** .... (nosotros, preguntar) cuándo hay vuelos y nos **f** .... (ellos, confirmar) que el lunes. Te llamo mañana para decirte el horario del nuevo vuelo.
Un saludo,
Alberto.

5 Busca en el correo anterior los participios irregulares y completa el cuadro.

PARTICIPIOS IRREGULARES

infinitivo	participio	infinitivo	participio	infinitivo	participio
decir		romper	*roto*	resolver	*resuelto*
volver	*vuelto*	abrir		morir	*muerto*
escribir		descubrir	*descubierto*	poner	*puesto*
prever	*previsto*	hacer	*hecho*	ver	

6 Completa las frases conjugando los siguientes verbos.

escribir ▪ romper ▪ poner ▪ morir ▪ volver ▪ hacer

a Elena todavía no .... a casa.
b El perro de Sara .... esta tarde.
c Juan, ¿dónde .... las llaves?
d Ellos .... los cristales de mis gafas.
e ¿Qué .... (tú) este fin de semana?
f Nosotros .... varias cartas.

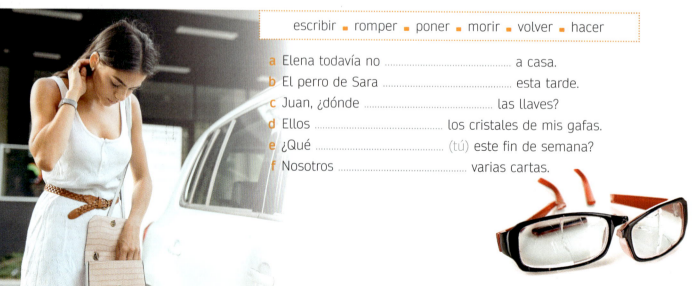

Unidad 3

LOS POSESIVOS POSPUESTOS

| | singular || plural ||
	masculino	femenino	masculino	femenino
(yo)	mío	mía	míos	mías
(tú)	tuyo	tuya	tuyos	tuyas
(él/ella/usted)	suyo	suya	suyos	suyas
(nosotros/as)	nuestro	nuestra	nuestros	nuestras
(vosotros/as)	vuestro	vuestra	vuestros	vuestras
(ellos/ellas/ustedes)	suyo	suya	suyos	suyas

> ■ Los adjetivos posesivos pospuestos siguen siempre al sustantivo. Pueden funcionar también como pronombres:
> ▶ *Es un error tuyo.* (adjetivo)   ▷ *¿Mío?* (pronombre)   ▶ *Sí, tuyo.* (pronombre)

Videogramas ▶   Para repasar los adjetivos posesivos antepuestos, ver **Apéndice gramatical** p. 84

7 Lee este diálogo entre Javi e Isabel y completa.

Javi: Isabel, esta noche viene mamá y tenemos que dejar la casa lista.
Isabel: Muy bien. A ver, las camas, yo ya he hecho la a .... Javi, ¿has hecho la b .... y la de papá?
Javi: No. Ahora hago la c ...., pero la d .... la quiere hacer él. Quiere sorprender a mamá con sábanas nuevas.
Isabel: También tenemos que ordenar el salón. Hay demasiadas cosas tiradas. Mira esas botas, ¿son e ....? No las he visto nunca.
Javi: Sí, son f .... Es que se las he cambiado a un amigo g .... porque a él le gustan más las h .... y a mí me gustan más las i ...., je, je, je.

8 Elige la opción correcta.

a ▶ ¿Son **suyos** / **tuyos** (tú) esos libros?
  ▷ No, los **mías** / **míos** están en clase.

b Esta mañana ha llamado una tía **tuya** / **mía** (yo) para felicitarme.

c ▶ Esa es la bici de Carlos. ¿Donde están las **nuestras** / **vuestras** (nosotros)?
  ▷ Las **nuestras** / **vuestras** las he aparcado en el garaje.

d ▶ ¿Conoces a Juanjo y a Manu?
  ▷ Sí, claro. Son compañeros **míos** / **mío** de clase.

e Este paraguas no es **mío** / **míos**, creo que es el **suyo** / **tuyo** (tú).

Actividades interactivas

cuarenta y tres **43**

Mundo hispano
Cultura

La educación

Los top 5 de...
La educación en el mundo hispano

La educación en los países de habla hispana es importante, pero la crisis económica ha influido en el número de estudiantes que abandonan los estudios. Además, en las zonas rurales o en las comunidades menos privilegiadas, incrementar el acceso a la educación todavía es un reto.

- En América Latina, el 30% de niños entre 4 y 8 años no va a la escuela. En las zonas más vulnerables (indígenas, pobres o rurales), esta cifra es del 50%.

- En América Latina, el 80% de niños entre 13 y 17 años va a la escuela.

- En México, el 87% de la población completa sus estudios en la escuela primaria. El 55% completa la escuela secundaria. En Guatemala y Nicaragua, solo el 30% completa la secundaria, mientras que en Chile la completa un 80%, el índice más alto de toda la región.

- El 50% de estudiantes de secundaria en Argentina completa su educación, y únicamente el 27% de estudiantes que van a la universidad se gradúan.

- En España, el 64% de estudiantes completan la secundaria. El 50% de estudiantes universitarios se gradúa; el resto, abandona la universidad.

Escuelas de español en Guanajuato

- Guanajuato es la capital del estado mexicano de Guanajuato, en el centro-norte del país.

- Tiene una población de 171 800 habitantes.

- Es una ciudad universitaria, con una intensa vida cultural. Allí viven más de 40 000 estudiantes.

- En Guanajuato hay muchas escuelas de español: muchos alumnos extranjeros viajan hasta esta ciudad mexicana para aprender el idioma. "Guanajuato es el equivalente mexicano de la Universidad de Salamanca en España. Los alumnos que quieren aprender español en América Latina viajan hasta aquí. Tenemos historia y los mejores profesores", dicen en la Escuela Mexicana de Guanajuato.

Unidad 3

Mi experiencia

"Hola, yo soy Fede y vivo en Buenos Aires, Argentina. Tengo 17 años y estudio Física en la Escuela Técnica Número 19 de mi ciudad. ¡Mi sueño es ser físico! Las escuelas de educación técnicas en Argentina son instituciones dedicadas a la formación de técnicos en electrónica, electromecánica, automotores, química, física, matemáticas, etc. Yo he estudiado seis años de primaria y ahora debo completar otros seis en la escuela técnica. Los alumnos que no asisten a la escuela técnica deben estudiar seis años de primaria, y luego solo cinco de secundaria. La escuela de educación técnica en mi país tiene muy buena reputación porque... ¡somos los mejores estudiantes!".

1 Lee los textos y relaciona las siguientes frases.

1. Este año, un alto porcentaje de estudiantes chilenos...
2. El acceso a la educación en zonas más vulnerables...
3. El 50 % de estudiantes universitarios en España...
4. Cientos de estudiantes extranjeros...
5. Muchos estudiantes argentinos...

- a ha sido afectado por la crisis económica.
- b ha ido a la universidad.
- c quieren estudiar español en Guanajuato, México.
- d no han podido completar sus estudios.
- e han tenido buenos resultados en la escuela técnica.

2 Responde a las preguntas y discute tus opiniones con el resto de la clase.

a ¿Qué estadística te parece más alarmante? ¿Por qué?

b ¿Crees que más gente termina la educación secundaria y universitaria en tu país?

c ¿Qué planes tienes para tu educación? ¿Quieres ir a la universidad, a una escuela técnica o elegir otras opciones?

d ¿Hay protestas de estudiantes en tu país? ¿Contra qué protestan?

e En tu país, ¿existe el derecho a la educación?

EDUCACIÓN | PROTESTAS EN COLOMBIA

En los últimos años, miles de estudiantes colombianos han salido a las calles para protestar. Tal y como ha pasado en otros países del mundo hispano como España, Argentina y Chile, los estudiantes y profesores de Colombia han protestado contra los proyectos de reforma educativa de su gobierno. Entre ellos, no garantizar el derecho a la educación, cortar presupuestos y privatizar universidades... "Las protestas han sido importantes. Muchos medios de comunicación han hablado de ellas", dice María Dulce, una estudiante colombiana.

Actividades interactivas — Spanish Blogger - Misión 10

cuarenta y cinco **45**

Unidad 4
LO PASÉ MUY BIEN

Sesión de cine
- *Don Quijote*

Comunicación
- Narrar acciones en pasado
- Valorar hechos del pasado

Vocabulario
- Los viajes y las vacaciones
- Expresiones de jerga juvenil

Gramática
- Pretérito indefinido: morfología y usos
- Expresiones temporales referidas al pretérito indefinido

Literatura
- *La ruta del lobo perdido*

Spanish Blogger - Misión 9

¿Qué ves?

1 Observa la imagen y responde a las preguntas.

a ¿Qué tiempo hace?
b ¿Dónde está la familia?
c ¿Qué hacen?
d ¿Crees que lo pasan bien o mal?
e ¿Quién crees que ha hecho la foto?
f ¿Qué te gusta hacer en tus vacaciones?

2 Imagina qué cosas han hecho en sus vacaciones hasta este momento. Relaciona y escribe frases como en el ejemplo.

1 Entrar • • a a Barcelona.
2 Ir • • b en un museo.
3 Viajar • • c al cine.
4 Visitar • • d muy temprano.
5 Levantarse • • e el Parque Güell.

1 Han entrado en un museo.
2
3
4
5

46 sesenta y seis

Unidad 4

Sesión de cine — VÍDEO

DON QUIJOTE

SINOPSIS

Un padre y un hijo están sentados en el sofá de su casa. El padre tiene un libro en las manos. Su hijo le pregunta qué está leyendo y él le habla del libro, que es uno de los más importantes de la historia de la literatura. ¿Qué libro es?

1 Mira las imágenes y describe lo que sucede. Habla con tu compañero/a.

2 En parejas, buscad las respuestas en internet.

a ¿Quién escribió este libro?

b ¿Cómo se llaman los personajes principales?

c ¿En qué siglo nació el autor?

d ¿Por qué es un libro muy importante?

 3 Observa el vídeo y haz las actividades que te va a repartir tu profesor/a.

Secuencia de vídeo ▶   Actividades interactivas ⚙

cuarenta y siete **47**

COMUNICACIÓN

VALORAR ACONTECIMIENTOS DEL PASADO

▶ ¿Qué tal/Cómo fue el viaje? ▷ ¡(Fue) fatal!
▶ ¿Qué tal/Cómo te lo pasaste? ▷ ¡Lo pasé superbién!
▶ ¿Qué tal la película del viernes? ▷ (Fue) muy divertida.

Fue…	Lo pasé…	Estuvo…	Ni fu ni fa.
genial	de miedo	de miedo	Regular.
fantástico/a	genial	superbién	Más o menos.
estupendo/a	estupendamente	muy bien	
divertidísimo/a	superbién	guay	
muy divertido/a	muy bien	bien	
horrible	bien	mal	
terrible	muy mal	muy mal…	
un rollo	fatal…		
aburridísimo/a			
un desastre…			

28 · 1 Tres personas hablan de sus vacaciones de verano. Clasifica las expresiones que vas a escuchar en negativas o positivas.

	Positivas	Negativas
Diálogo a	Muy interesantes,	
Diálogo b		
Diálogo c		

28 · 2 Escucha otra vez. ¿Dónde fueron de vacaciones?

a ……………………   b ……………………   c ……………………

3 Elige la opción correcta.

1 Fui al centro comercial nuevo de mi barrio y me gustó ………
 a regular   b bastante   c nada

2 La fiesta de Marcos fue ……… porque quitaron la música.
 a mal   b aburrida   c interesante

3 En la excursión a la montaña lo pasé ……… y me divertí mucho.
 a fatal   b divertido   c genial

4 La película fue ……… y no me gustó ………
 a un rollo/nada
 b fantástica/bastante
 c aburrida/demasiada

4 Pregunta a tu compañero/a sobre sus vacaciones del año pasado. Anota sus respuestas.

a ¿Dónde fuiste de vacaciones el verano pasado? ➡ ……………………
b ¿Cómo lo pasaste? ➡ ……………………
c ¿Qué te gustó mucho? ➡ ……………………
d ¿Qué no te gustó nada? ➡ ……………………
e ¿Qué fue interesante? ➡ ……………………

Actividades interactivas

Palabra por palabra VOCABULARIO

Unidad 4

Los viajes

1 Relaciona las palabras con sus imágenes. Después, escucha y comprueba.

a b c d e
f g h i j
k l m n ñ o

- ○ hotel
- ○ barco
- ○ tren
- ○ albergue
- ○ saco de dormir
- ○ autobús
- ○ pasaporte
- ○ billete
- ○ senderismo
- ○ excursión
- ○ mochila
- ○ montar a caballo
- ○ avión
- ○ tomar el sol
- ○ maleta
- ○ playa

2 Escucha qué tal les fueron las vacaciones a Pablo, Elena y Félix, y completa la tabla.

	Lugar	Medio de transporte	Alojamiento	¿Con quién?
Pablo				
Elena	Navacerrada			
Félix	Benidorm			

3 ¿Quién hizo qué? Escucha otra vez y responde: Pablo (P), Elena (E) o Félix (F).

- ○ Subió a un barco.
- ○ Hizo esquí acuático.
- ○ Llevó una maleta.
- ○ Visitó una capital.
- ○ Montó a caballo.
- ○ Fue de excursión.
- ○ Hizo senderismo.
- ○ Se bañó.
- ○ Tomó el sol.
- ○ Llevó una mochila y un saco de dormir.
- ○ Compró un billete por internet.
- ○ Visitó el Zócalo.

4 Cuéntale a tu compañero/a tu mejor viaje.

– *Hace dos años fui a Cancún, México. Allí me bañé en la playa y visité las ruinas mayas...*

5 Escucha ahora las vacaciones de Jorge y señala las fotografías del ejercicio 1 que menciona.

cuarenta y nueve **49**

La jerga juvenil

6 Conchi y su amiga Sonia están delante de un escaparate en un centro comercial. Ordena y completa el diálogo. Luego, escucha y comprueba.

> pasada ▪ mazo de ▪ flipante ▪ molan ▪ mogollón ▪ está mosqueada ▪ se rayaron ▪ por la cara

○ **Conchi:** ¡Jo!, Sonia, siempre quieres tomar helado a .... Nunca pagas tú.

○ **Conchi:** Pero el jersey verde también es b .... bonito.

○ **Sonia:** Es más caro. Voy a decirle a mi madre si me compra las botas.

○ **Sonia:** Sí, está enfadada. Es que el sábado llegué a casa media hora tarde y mis padres c .... y llamaron a todos mis amigos.

○ **Sonia:** Porfa…

○ **Conchi:** ¿De verdad? ¡No me lo puedo creer! Es d .... Los padres se enfadan muy rápido.

○ **Sonia:** Sí, a mí también me gustan. e .... f ....

○ **Sonia:** Sí, muy rápido. Oye, ¿me invitas a un helado?

○ **Conchi:** Mira. ¡Qué g .... de botas! ¡Me encantan!

○ **Conchi:** Pero, h .... contigo, ¿no?

7 ¿Conoces las expresiones del ejercicio 6? Pertenecen al lenguaje coloquial propio de los jóvenes españoles, también llamado jerga juvenil. Relaciona ahora cada una de ellas con su significado correcto.

1 Rayar(se). • • a Mucho, muy.
2 Estar mosqueado/a, mosquear(se). • • b Gustar/encantar.
3 Molar. • • c Ser algo fuera de lo normal.
4 Ser (algo) una pasada. • • d Mucho, muy.
5 Ser (algo) flipante. • • e Ser algo increíble.
6 Mazo (de). • • f Volverse loco, enloquecer.
7 Mogollón (de). • • g Gratis.
8 Por la cara. • • h Estar enfadado/enfadarse.

8 Responde y pregunta a tu compañero/a.

a Una cosa que te mola mazo/mogollón. ....

b Una cosa que te raya/mosquea. ....

c Una cosa que es una pasada/flipante. ....

Actividades interactivas

50 cincuenta

GRAMÁTICA

Unidad 4

PRETÉRITO INDEFINIDO: VERBOS REGULARES

■ El **pretérito indefinido** se forma con estas terminaciones:

	viajar	**comer**	**vivir**
yo	viaj**é**	com**í**	viv**í**
tú	viaj**aste**	com**iste**	viv**iste**
él/ella/usted	viaj**ó**	com**ió**	viv**ió**
nosotros/as	viaj**amos**	com**imos**	viv**imos**
vosotros/as	viaj**asteis**	com**isteis**	viv**isteis**
ellos/ellas/ustedes	viaj**aron**	com**ieron**	viv**ieron**

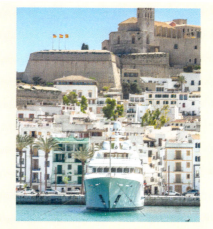

■ El **pretérito indefinido** indica acciones pasadas, terminadas y que no tienen relación con el presente.

■ Normalmente va acompañado de las siguientes **expresiones temporales**:
  – *Ayer/Anoche/Anteayer/El otro día* cené con mis abuelos.
  – *La semana pasada* vi una película en el cine.
  – *El mes/año/jueves pasado* viajé a Ibiza.
  – *En 2001/verano/agosto* nació mi hermano pequeño.

Videogramas

Ver **Apéndice gramatical** p. 85

1 Carlos ha buscado en internet información sobre la historia de Ibiza. Conjuga los verbos entre paréntesis en su forma correcta.

Ibiza

Ibiza es una de las islas más conocidas del Mediterráneo por ser el lugar de vacaciones de muchos turistas europeos. Los primeros visitantes que **a** .... (viajar) a la isla **b** .... (llegar) el siglo pasado, en los años 30, y allí **c** .... (descubrir) un atractivo lugar, un bello entorno natural y unas playas tranquilas de arenas blancas. Su fama **d** .... (extenderse) internacionalmente. En los años 60 y 70 su economía **e** .... (cambiar) la pesca y la agricultura por el turismo. Además de su increíble paisaje, su capital (también llamada Ibiza) tiene una valiosa fortaleza y muralla. En 1999 la UNESCO **f** .... (declarar) la ciudad Patrimonio de la Humanidad.

2 Completa las siguientes preguntas y contesta según el texto del ejercicio 1.

  a ¿En qué época .... (llegar) los primeros visitantes?
  b ¿Qué .... (ver) en esta isla?
  c ¿Cuándo .... (crecer) el turismo?
  d ¿Cuándo .... (ellos, nombrar) a su capital Patrimonio de la Humanidad?

3 Elige la opción correcta.

  a **Todavía** / **La semana pasada** / **Este año** visité el museo arqueológico de Ibiza.
  b Llegaron muchos turistas a la isla **ahora** / **el otro día** / **esta semana**.
  c **En agosto** / **Este fin de semana** / **Hoy** compramos cerámica típica de la isla.
  d Mi madre comió los dulces típicos de allí **ayer** / **ya** / **alguna vez**.

cincuenta y uno **51**

VERBOS TOTALMENTE IRREGULARES

	ser/ir	dar
yo	fui	di
tú	fuiste	diste
él/ella/usted	fue	dio
nosotros/as	fuimos	dimos
vosotros/as	fuisteis	disteis
ellos/ellas/ustedes	fueron	dieron

❗ ■ Las formas del pretérito indefinido de **ser** e **ir** son iguales:
David **fue** profesor. ➡ **ser**
David **fue** a Mallorca. ➡ **ir**

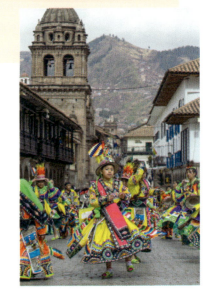

4 Completa con los verbos *ser*, *ir* y *dar*.

a Anteayer yo .... a casa de mis abuelos y me .... 10€.
b Maradona, en los 80, ... un gran futbolista argentino.
c Ayer .... el aniversario de casados de mis padres.
d Mi hermana les .... el regalo en el restaurante.
e Anoche nosotros .... en autobús a la ciudad.
f La semana pasada los profesores .... camisetas gratis.
g El mes pasado mis vecinos .... a Perú.

VERBOS IRREGULARES EN LA RAÍZ VERBAL

Algunos verbos tienen irregularidades en su raíz, pero todos llevan la misma terminación:

poner ➡ pus-
poder ➡ pud-
venir ➡ vin-
querer ➡ quis-
hacer ➡ hic-/z-
andar ➡ anduv-
estar ➡ estuv-
tener ➡ tuv-
traer ➡ traj-*

e
iste
o
imos
isteis
ieron

	estar	hacer
yo	estuv**e**	hic**e**
tú	estuv**iste**	hic**iste**
él/ella/usted	estuv**o**	hiz**o**
nosotros/as	estuv**imos**	hic**imos**
vosotros/as	estuv**isteis**	hic**isteis**
ellos/ellas/ustedes	estuv**ieron**	hic**ieron**

❗ ■ Los verbos irregulares no llevan tilde (´), al contrario de los verbos regulares: *comí*, *hablé* pero *tuve*, *fui*. *El verbo *traer* en 3.ª persona del plural es *trajeron*.

Videogramas

5 Marco está aprendiendo español y todavía no domina bien los verbos irregulares. Corrige sus deberes si es necesario.

a hacer, él: hizo ✓
b tener, ellos: tuveron ✗ tuvieron
c tener, él: trajó ☐
d poner, tú: poniste ☐
e querer, nosotros: querimos ☐
f andar, ellos: andieron ☐
g estar, yo: estuve ☐
h poder, tú: podiste ☐
i venir, vosotros: vinisteis ☐
j dar, él: daió ☐

Unidad 4

6 Completa conjugando los verbos entre paréntesis.

a Ayer .... (yo, estar) en el parque.
b Hoy Ana está muy cansada porque anoche no .... (ella, poder) dormir bien.
c La película que vimos el jueves .... (ella, ser) muy emocionante.
d En diciembre mis tíos .... (ellos, venir) a casa para celebrar las navidades con nosotros.
e El mes pasado mi madre .... (ella, hacer) un pastel de naranja. ¡Qué rico!
f El año pasado Javier .... (él, ir) de vacaciones a Ibiza.
g En agosto .... (yo, tener) la gripe.
h Ayer mi compañero de clase me .... (él, traer) un bolígrafo.

7 Javi ha encontrado una antigua postal de vacaciones que escribió su padre, pero no se pueden ver los verbos. Ayúdalo a completarla.

estar ▪ querer ▪ dar ▪ ir ▪ ser ▪ ponerse ▪ decir ▪ tener

Buenos Aires, 11 julio de 1982

Queridos papá y mamá:

Llevo tres días en Buenos Aires y lo estoy pasando muy bien. Es muy cosmopolita. El primer día a .... mi primera clase de Historia de Hispanoamérica. Después, b .... con otros chicos a la Plaza de Mayo. Es inmensa. c .... el abrigo porque aquí hace frío en esta época. Un argentino me d .... un restaurante muy barato donde se come muy bien. El segundo día e .... en la Catedral Metropolitana. Después, f .... tomar mate, que es una bebida típica argentina similar al té. Anoche una chica me g .... una invitación para ir a una fiesta y bailar tangos. h .... una fiesta increíble!

Nos vemos pronto. Un abrazo para los dos.

Fernando.

8 Escribe en tu cuaderno una postal sobre un viaje que hiciste. Sigue el ejemplo del ejercicio 7.

Actividades interactivas

Érase una vez... LITERATURA

el lobo

1 Hace dos años Adolfo estuvo de vacaciones en Sierra Nevada con su familia. Ordena las preguntas de la columna de la izquierda y relaciónalas con sus respuestas.

1 ¿fuiste / dónde?
2 ¿fuiste / cuándo?
3 ¿fuiste / quién / con?
4 ¿gustó / te / experiencia / la?
5 ¿gente / mucha / conociste?

a Con mi familia.
b Sí, me encantó.
c Fui a Sierra Nevada, en Granada.
d Sí, conocí gente guay.
e Hace dos años.

2 Lee y escucha el relato de Adolfo.

La ruta del lobo perdido

Hace dos años fui de vacaciones con mi familia a Sierra Nevada. El primer día me rayé un poco. ¡Qué rollo! Todo el día en el coche con mis padres y mis hermanos. Pero cuando llegamos a la casa rural, rápidamente cambié de opinión. "¡Qué pasada!", pensé cuando vi aquel lugar tan guay. Nos alojamos en una casa antigua para turistas, en un pueblo rodeado de montañas y bosques. Lo que más me moló fue mi habitación, separada del resto de la casa. ¡Dormí en un antiguo establo convertido en dormitorio! Al segundo día hice cuatro amigos, un grupo de chicos y chicas superguays. Lo más flipante fue que mis padres me permitieron hacer una excursión por el bosque con ellos.

Decidimos hacer "la ruta del lobo perdido", una excursión muy famosa. Dicen que en el Bosque del Lobo Perdido hay un fantasma de un perro que se perdió hace muchos años. Cuenta la leyenda que su amo, un turista del norte, lo abandonó y el perro, desesperado, buscó durante años a su amo y se convirtió en lobo para sobrevivir en aquel entorno hostil. Un día un cazador lo mató y, desde entonces, el lobo sale todas las noches para vengarse del turista que lo abandonó y del cazador que lo mató. A mí no me asustó la historia, nunca he creído en los fantasmas y mis nuevos amigos tampoco.

Comenzamos nuestra excursión por la mañana y caminamos durante dos horas hasta llegar a la cima de una montaña, donde comimos y descansamos. Fue muy divertido y relajante. Todos hablamos de nuestras vidas en la ciudad, de nuestros institutos y de nuestras cosas; allí comenzamos a conocernos mejor. Después de un largo rato miré el reloj: "¡Oh, no!", dije yo, "son las siete de la tarde y tenemos que volver a casa". Recogimos nuestras cosas y nos preparamos para regresar. Caminamos durante una hora. Anocheció y tuvimos que caminar más rápido. Pasó otra hora y empezamos a preocuparnos. "Oye, chicos, creo que nos hemos perdido, este camino es diferente al de antes", dije yo. "No creo", respondió Elena, "por la noche los bosques tienen otro aspecto". De repente, escuchamos ruidos lejanos y nos asustamos un poco. Unos minutos después, oímos un aullido y más ruido, pero nadie dijo nada. Continuamos, anduvimos media hora más y volvimos a escuchar el ruido; esta vez un ladrido más cercano. Volvimos a escuchar ladridos. Un arbusto se movió y todos gritamos a la vez. Un segundo después vimos una luz y oímos: "Ron, ¿qué haces? ¡Ven aquí!". Todo fue muy rápido. En un segundo, la luz se acercó y vi a mi hermano mayor con una linterna y nuestro perro Ron. "Vamos, chicos, que es muy tarde, ¿os habéis perdido? Yo he salido a buscar a Ron, creo que se ha peleado con otro perro en el bosque. Pero es extraño, en los bosques no hay perros", dijo mi hermano. Nadie dijo una sola palabra.

Unidad 4

3 Relaciona las palabras con las imágenes.

| 1 linterna | 2 lobo | 3 establo | 4 cima | 5 cazador | 6 fantasma | 7 bosque | 8 arbusto |

a ☐ b ☐ c ☐ d ☐
e ☐ f ☐ g ☐ h ☐

4 Selecciona la opción correcta.

1 Adolfo y su familia se alojaron…
 a en un hotel.
 b en un albergue.
 c en una casa rural.

2 Lo que más le gustó a Adolfo de la casa rural fue…
 a su entorno.
 b su habitación.
 c el tiempo del lugar.

3 La leyenda del lobo perdido…
 a dice que hay un lobo que ataca a turistas y cazadores.
 b asustó a Adolfo pero no a sus amigos.
 c dice que hay un lobo que ataca a los chicos por la noche.

4 Cuando llegaron a la cima de la montaña…
 a comieron y durmieron la siesta.
 b descansaron media hora y continuaron su camino.
 c comieron y charlaron de sus cosas durante demasiado tiempo.

5 Adolfo y sus amigos…
 a pasaron la noche en el bosque.
 b se preocuparon porque por la noche es más difícil caminar por el bosque.
 c llamaron al hermano de Adolfo para pedir ayuda.

5 Subraya todos los tiempos en pretérito indefinido del texto. Clasifícalos después en regulares e irregulares y escribe sus infinitivos correspondientes.

Verbos regulares	Verbos irregulares
me rayé (rayarse)	fui (ir)

6 Junto a tu compañero/a, escribe un resumen de la historia de 80 a 100 palabras.

Actividades interactivas  Spanish Blogger - Misión 9

cincuenta y cinco **55**

Unidad 5

¿DÍGAME?

Sesión de cine
- *Dime, Carlos*

Comunicación
- Describir una acción que se está realizando
- Hablar por teléfono
- Dar instrucciones y órdenes
- Intensificar una cualidad
- Preguntar por un producto y su precio

Vocabulario
- Lenguaje telefónico
- Las compras
- Las nuevas tecnologías

Gramática
- *Estar* + gerundio
- *Ser* y *estar*
- Imperativo (*tú/vosotros*)
- *Qué* + nombre + *tan/más* + adjetivo

Cultura
- Una región conectada

Spanish Blogger — Misión 11

¿Qué ves?

1 Fíjate en la imagen y contesta verdadero (V) o falso (F).

a Javi y su hermana salen del médico.   V   F
b Javi y su hermana ya han hecho sus compras.   V   F
c Isabel no lleva bolsas.   V   F
d Javi va a entrar al centro comercial.   V   F
e Javi va a utilizar su teléfono móvil.   V   F

2 Elige la respuesta correcta.

a Ayer •   • y Javi •   • ha enviado muchos mensajes.
b Esta semana •   • yo •   • compramos una televisión nueva.
c El lunes Isabel •   • Ana y yo •   • he estudiado todos los días.
d Últimamente •   • Fran •   • fueron al centro comercial.

56   cincuenta y seis

Sesión de cine — VÍDEO

DIME, CARLOS

SINOPSIS

Carlos llama a su amigo y le pregunta dónde está. Se dan distintas indicaciones sin saber que los dos están más cerca de lo que creen...

1 Observa las siguientes imágenes y descríbelas. ¿Qué crees que está pasando en ellas?

1 ¿Qué significa "rebajas"?
 a Descuentos en algunos productos de una tienda.
 b Ropa de invierno.

2 ¿Qué significa "escaparate"?
 a Persona de plástico que usan en las tiendas para poner ropa.
 b Es el cristal de una tienda.

 2 Observa el vídeo y haz las actividades que te va a repartir tu profesor/a.

Secuencia de vídeo ▶   Actividades interactivas

COMUNICACIÓN

PREGUNTAR POR UN PRODUCTO Y SU PRECIO

- Para preguntar el precio de algo:
  - *¿Cuánto cuesta el móvil?*   – *¿Cuánto cuestan los móviles?*
  - *¿Qué precio tiene/n?*   – *¿Me podría decir el precio?*

- Para saber cuánto se debe pagar:
  - *¿Cuánto es?*

- Si el dependiente quiere saber la forma de pago:
  - *¿Va a pagar con tarjeta o en efectivo?*

 1 Escucha este diálogo y contesta.

a ¿Dónde está Javi?

b ¿Qué quiere comprar?

c ¿Cuánto cuesta el móvil Mokia?

d ¿Por qué es tan caro?

e ¿Cuánto le cuesta la funda del móvil?

f ¿Qué compra finalmente?

INTENSIFICAR UNA CUALIDAD

- Para intensificar la cualidad de alguien o algo:
  - *¡Qué móvil más moderno!*
  - *¡Qué móvil tan moderno!*

2 Observa estas fotografías e intensifica su cualidad.

3 Ahora representa junto a un compañero/a una situación en la que tú eres el cliente y tu compañero/a es el dependiente. Después, intercambiad los papeles.

58 cincuenta y ocho

Unidad 5

4 Escucha las siguientes situaciones y responde.

a ▶ **Dime**, Pedro.
▷ Oye, llámame, que tengo que contarte una cosa y no tengo saldo.
▶ Vale, cuelga y te llamo ahora.

b ▶ El teléfono al que llama está apagado o fuera de cobertura. **Puede dejar un mensaje después de la señal.**

c ▶ **¿Diga?**
▷ Hola, **¿puedo hablar con** Paco?
▶ ¿Quién? Lo siento, te has equivocado.
▷ Perdón.

d ▶ ¡Oh! Tengo tres llamadas perdidas de María.
▷ ¿Cuándo ha llamado?
▶ No lo sé, no he oído nada.

e ▶ **¿Dígame?**
▷ Buenos días, **¿está** Javi?
▶ No, no está. **¿De parte de quién?**
▷ Soy Carlos.
▶ Hola, soy su madre. **¿Le digo algo?**
▷ **Sí, dígale que** he llamado. Adiós.

f ▶ El móvil de César comunica.
▷ Pues mándale un sms.

¿En qué llamada...
1 la otra persona está hablando por teléfono?..............☐
2 la persona que busca no está en su casa?.................☐
3 ha llamado a otro lugar?...☐
4 no ha oído la llamada?..☐

5 Escucha de nuevo y completa el siguiente cuadro con las expresiones anteriores. Luego escribe el significado en tu lengua.

HABLAR POR TELÉFONO

Contestar al teléfono	Preguntar por alguien	Preguntar quién es
- ¿Sí?	-	-
-	-	-
- Aló	- ¿Se encuentra...?	- ¿Quién lo/la llama?

Preguntar para dejar un mensaje	Dejar un mensaje	Preguntar para volver a llamar
-	-	- ¿Puedo llamar más tarde?

6 Escucha y marca.

	Comunica	No está	No contesta	Está ocupado	Es esa persona
1	☐	☐	☐	☐	☐
2	☐	☐	☐	☐	☐
3	☐	☐	☐	☐	☐
4	☐	☐	☐	☐	☐
5	☐	☐	☐	☐	☐

7 Representa con tu compañero/a situaciones similares a las anteriores.

Actividades interactivas

cincuenta y nueve **59**

Palabra por palabra VOCABULARIO

Las tiendas

1 ¿Dónde puedes comprar estas cosas? Relaciona las tiendas con los productos. A veces puede haber más de una opción.

a Librería/Papelería **b** Droguería/Perfumería **c** Zapatería **d** Frutería
e Carnicería **f** Panadería **g** Tienda de ropa **h** Pastelería
i Supermercado **j** Centro comercial **k** Quiosco **l** Farmacia

- productos de limpieza
- pasta de dientes
- zapatillas de deporte
- chuleta de cerdo
- periódicos
- bolígrafos
- cuadernos
- medicamentos
- aspirinas
- revistas
- zapatos
- champú
- libros
- pan
- falda
- abrigo
- tomates
- perfume
- chándal
- manzanas

2 Relaciona estos establecimientos con su definición.

1 Supermercado.
2 Centro comercial.
3 Tienda especializada.
4 Tienda de alimentación.

- **a** Comercio grande al que vamos de compras.
- **b** Comercio pequeño en el que generalmente se compran productos para comer y beber.
- **c** Comercio en el que hacemos la compra.
- **d** Comercio de productos concretos como ropa, artículos de deporte, electrodomésticos, etc.

3 Clasifica las siguientes palabras en cada establecimiento. Algunas pueden ir en más de uno. Puedes utilizar el diccionario.

a rebajas	**e** dependiente/a	**h** probadores	**k** escaparate
b productos de limpieza	**c** cámara de fotos	**f** sección	**i** bolsas	**l** encargado/a
	d cajero/a	**g** estanco	**j** mostrador	**m** ascensor

Supermercado	Centro comercial	Tienda especializada

Actividades interactivas

60 sesenta

Unidad 5

GRAMÁTICA

SER Y ESTAR

■ Se usa el verbo **ser** para…

- definir personas o cosas:
  – *Madrid **es** una ciudad.*

- describir características físicas:
  – *Isaac **es** guapísimo.*

- describir un objeto:
  – *La mesa **es** de madera.*

- describir el carácter:
  – *Carmen **es** muy simpática.*

- indicar la nacionalidad:
  – *Carlo **es** italiano.*

- decir la hora:
  – ***Son** las tres de la tarde.*

- decir la profesión:
  – *Francisco **es** profesor.*

■ Se usa el verbo **estar** para…

- localizar una persona o un objeto en el espacio:
  – *Javi no **está** en casa.*
  – *La Puerta del Sol **está** en Madrid.*
  – *Mi casa **está** lejos del instituto.*

- hablar de situaciones temporales o transitorias:
  – *Laura **está** enferma.*
  – *Luis **está** muy triste.*
  – *La biblioteca **está** cerrada los fines de semana.*

Videogramas

Ver **Apéndice gramatical** pp. 85, 86

1 Completa las frases siguientes con *ser* o *estar*.

a Yo .... enfadado porque no sé dónde .... mi móvil.
b Aurélie .... francesa. Normalmente vive en Madrid pero ahora .... en París.
c El aeropuerto de Madrid .... cerca del centro de la ciudad.
d Susana .... una actriz muy famosa.
e Cristina y Manuel .... en casa porque su madre .... enferma.
f Hoy yo .... muy cansado porque ya .... las doce de la noche.

2 Completa las frases con *ser* y *estar* y relaciónalas con sus contrarios.

.... vieja.   .... solo.   .... viejos.   .... dormida.   .... contento.

.... jóvenes.   .... despierta.   .... acompañado.   .... enfadado.   .... nueva.

sesenta y uno **61**

GRAMÁTICA

3 En español hay adjetivos que cambian de significado si van con *ser* o *estar*. Con tu compañero/a, intenta relacionar estos adjetivos con sus significados.

1 Ser aburrido/a. •   • a Ser una persona de buenos sentimientos.
2 Estar aburrido/a. •   • b Ser una persona de malos sentimientos.
3 Ser bueno/a. •   • c Ser una persona que no divierte a nadie.
4 Estar bueno/a. •   • d No saber qué hacer.
5 Ser malo/a. •   • e Ser una persona atractiva.
6 Estar malo/a. •   • f Estar enfermo/a.

ESTAR + GERUNDIO

- La perífrasis **estar** + **gerundio** se usa para hablar de una acción que se está desarrollando:
  – *Esta semana **estoy estudiando** mucho.* – *Ahora mismo **estoy comiendo**, te llamo luego.*

- El gerundio se forma añadiendo a la raíz del verbo las siguientes terminaciones:

verbos en **-ar** → **-ando**
verbos en **-er/-ir** → **-iendo**

trabaj-ar → trabaj-**ando**
corr-er → corr-**iendo**
escrib-ir → escrib-**iendo**

Videogramas
Ver **Apéndice gramatical** p. 86

4 Observa la siguiente imagen y completa. ¿Qué están haciendo los personajes?

a .... d ....
b .... e ....
c .... f ....

5 Piensa en alguien que conoces y en lo que está haciendo en este momento. Tu compañero/a tiene que adivinarlo haciendo preguntas. Responde *sí* o *no* siguiendo el ejemplo.

▶ ¿Está en la clase?　　▶ ¿Es un famoso?　　▶ ¿Está cantando?
▷ No.　　　　　　　　　▷ Sí.　　　　　　　　▷ No.

Unidad 5

6 Escucha los diálogos y rellena los huecos que faltan.

① ▸ ...., ¿está en esta planta la tienda Movilandia?
▸ No, no. Para la sección de telefonía .... el ascensor y .... a la 3.ª planta.

② ▸ Hola, no sé cómo iniciar este iPod que compré ayer.
▸ Claro, no tiene batería. .... el cable.

③ ▸ ¿Sabes llegar al Museo del Prado?
▸ Sí, ... la línea 2 y .... en Banco de España.

④ ▸ ¿Puedo hablar un momento contigo?
▸ ...., ahora estoy escribiendo un *e-mail* muy importante, ... más tarde.

7 Ahora vuelve a leer y responde.

1 *Perdona* se usa para...
   a llamar la atención.
   b dar una instrucción.

2 *Coge, sube, conecta* y *baja* se usan para...
   a llamar la atención.
   b dar una instrucción.

3 *Espera* y *vuelve* se usan para...
   a llamar la atención.
   b dar una orden.

IMPERATIVO (*tú/vosotros*)

■ El imperativo se usa para dar órdenes, instrucciones, consejos y sugerencias.

	conectar	**coger**	**subir**
tú	conect**a**	cog**e**	sub**e**
vosotros/as	conect**ad**	cog**ed**	sub**id**

■ Verbos irregulares.

	oír	**tener**	**venir**	**salir**	**ser**	**poner**	**hacer**	**decir**	**ir**
tú	**oye**	**ten**	**ven**	**sal**	**sé**	**pon**	**haz**	**di**	**ve**
vosotros/as	oíd	tened	venid	salid	sed	poned	haced	decid	id

Los verbos con cambio vocálico en presente de indicativo mantienen también esta irregularidad en el imperativo.

Para las persona *usted* y *ustedes*, ver **Apéndice gramatical** p. 87

Videogramas

> ■ La 2.ª persona del plural (*vosotros/as*) es siempre regular.

8 Completa las frases.

a .... (Vosotros, escribir) un sms.
b ¡................ (Tú, comer), por favor!
c .... (Tú, abrir) la ventana, por favor.
d .... (Vosotros, mirar), ¡qué bonito!
e .... (Tú, hacer) una paella.
f .... (Vosotros, ir) despacio.
g .... (Tú, oír), ¿qué hora es?
h .... (Tú, venir) a las 9:00 h.

Actividades interactivas

sesenta y tres **63**

Mundo hispano
Cultura

Una región conectada

Los jóvenes españoles y los móviles

Según una encuesta realizada en España, los jóvenes utilizan el móvil algo más de cuatro horas diarias para hablar, enviar sms, navegar o escuchar música.

Si la forma de vestir o peinarse son los signos exteriores con los que se sienten identificados según la personalidad, el móvil actualmente se ha convertido en otro símbolo identificativo de nuestros jóvenes. Por lo general, las chicas tienden a escoger su móvil por el diseño y los chicos por las prestaciones tecnológicas.

Los entrevistados de edades entre 13 y 24 años son el grupo que más servicios consume, como el MP3, el *bluetooth*, la cámara de fotos, etc. De hecho, más de la mitad, el 56 %, declara que no adquiere un móvil que no tiene alguna de estas prestaciones. El 30 % de los jóvenes accede a internet desde sus móviles, y el 90 % de los que acceden lo hacen a las redes sociales.

Las comunicaciones en Hispanoamérica

La tecnología es, en la actualidad, una importante herramienta de comunicación. Los hispanoamericanos quieren estar conectados con el resto del mundo:

- Hay 255 millones de usuarios de internet en la región (el 43 % de la población).
- Hacer una llamada desde cualquier lugar es fácil en Hispanoamérica: el 98 % de la gente tiene acceso a la red de teléfonos móviles.
- En Chile, el gobierno creó un programa para comunicarse con los granjeros por mensajes de texto.
- Carlos Slim, empresario mexicano, es uno de los hombres más ricos del mundo gracias a sus inversiones en las empresas de comunicaciones y tecnología de su país. "Confío en México y en su futuro", dice Slim. También colecciona obras de arte y patrocina varios museos en México.
- En Argentina, las redes sociales son un éxito: los argentinos pasan más de diez horas por mes conectados a ellas. Tecnópolis, el mayor evento de tecnología de la región, se celebra en este país. Es cada año en agosto.
- Las compras por internet no son muy populares en la región. Solo el 31 % de los usuarios de internet hace sus compras así. En Europa y Estados Unidos, en cambio, el 70 % de la gente hace compras por internet.

Tecnópolis, en Buenos Aires, es el mayor evento de tecnología en Hispanoamérica.

Unidad 5

Los incas

La tecnología en Hispanoamérica no es un invento actual. Los incas, habitantes originarios de los Andes, vivían en un imperio enorme: ocupaba parte de Bolivia, Perú, Colombia, Ecuador, Argentina y Chile. Para comunicar información relacionada con el comercio a distancia, desarrollaron un sistema llamado "quipu". Consistía en hacer nudos en sogas para representar cantidades, y es un antepasado de las computadoras.
Los incas también sabían que la comunicación era fundamental. Por eso, crearon un sistema de caminos para llegar a todos los rincones del imperio... ¡al igual que internet hoy!

Machu Picchu, famosa ciudad del Imperio inca.

1 Lee los textos y relaciona para formar frases.

1. Las redes sociales
2. El gobierno chileno
3. Carlos Slim es
4. El desierto de Atacama
5. Con el quipu, los incas

a ◯ es una zona muy seca.
b ◯ comunicaban información comercial.
c ◯ son un éxito en Argentina.
d ◯ uno de los hombres más ricos del mundo.
e ◯ envía mensajes de texto a los granjeros.

2 Responde a las preguntas y discute con el resto de la clase.

a ¿Quiénes son las personas más ricas de tu país? ¿Cómo hicieron su fortuna?
....

b ¿Haces compras en internet? ¿Es algo habitual en tu país?
....

c ¿Cuáles son las ventajas y las desventajas de este método?
....

d ¿Hay personas en tu país que no tienen acceso a la tecnología? ¿Cuáles son los motivos?
....

e ¿Crees que saber usar la tecnología es una parte importante de la educación? ¿Por qué?
....

VIAJES | EL DESIERTO DE ATACAMA

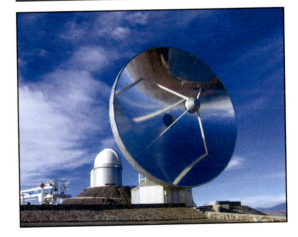

¿Te gusta mirar las estrellas? Si la respuesta es sí, visita el desierto de Atacama, en Chile, una de las zonas más secas del planeta. Este clima, combinado con la altura y la baja contaminación de luz, convierte al desierto en el lugar ideal para observar el cielo. El Observatorio Europeo del Sur tiene una oficina en Chile, de él dependen los principales observatorios ópticos del país.

Actividades interactivas | Spanish Blogger - Misión 11

sesenta y cinco **65**

Unidad 6
ERAN OTROS TIEMPOS

Sesión de cine
- ¿Vamos de compras?

Comunicación
- Describir hábitos, costumbres, personas, animales y objetos en el pasado
- Opinar
- Expresar acuerdo y desacuerdo
- Expresar la causa

Vocabulario
- Léxico relacionado con tópicos y estereotipos
- Las personalidades

Gramática
- Pretérito imperfecto: morfología y usos
- Expresiones temporales referidas al pretérito imperfecto
- La negación
- ¿Por qué?/porque

Literatura
- *Tú, la oscuridad*, de Mayra Montero
- *Viaje en el tiempo*

¿Qué ves?

1 Observa la imagen y contesta.

a ¿Quiénes son estas personas?
b ¿Qué relación familiar hay entre ellos?
c ¿Dónde están?
d ¿Qué están haciendo?
e ¿Qué ropa llevan?
f ¿Cuál es su estado de ánimo?
g ¿Qué hay encima de la mesa?
h ¿Qué día de la semana crees que es?

2 Utiliza las informaciones anteriores para describir la imagen de Javi y su familia a tu compañero/a.

66 sesenta y seis

Sesión de cine — VÍDEO

¿VAMOS DE COMPRAS?

Unidad 6

SINOPSIS

Un hombre y una mujer hablan mientras ven la tele. Ella está aburrida y tiene ganas de salir de casa. Le propone al hombre salir, pero él está cansado. Ella le propone varias posibilidades, pero él no parece animado. ¿Crees que puede convencerlo? ¿Qué va a pasar?

1 Mira estas imágenes del vídeo y, con tu compañero/a, responde a las preguntas.

a ¿Cómo crees que son estas personas? ¿Qué carácter o personalidad tienen?

b ¿Dónde crees que están? ¿Por qué? ¿Qué relación hay entre ellos? ¿Qué están haciendo?

c ¿De qué crees que van a hablar? ¿Crees que van a estar de acuerdo?

 2 Observa el vídeo y haz las actividades que te va a repartir tu profesor/a.

Secuencia de vídeo   Actividades interactivas

sesenta y siete **67**

Hablar por hablar — COMUNICACIÓN

EXPRESAR UNA OPINIÓN

- Para preguntar una opinión:
  - ¿**Qué piensas/opinas sobre** las películas de Almodóvar?
  - ¿**Qué te parece** su última película?
  - ¿**Cuál es tu opinión sobre** su trabajo como director de cine?

- Para dar una opinión positiva/negativa:
  - (Yo) **pienso/creo/opino que** (no) son muy buenas.
  - (A mí) **me parece que** (no) tienen un buen argumento.
  - A mí (no) **me parece** un buen director.

- Para dar una opinión incierta:
  - *No te puedo decir.*
  - *No sé qué decir.*
  - *Yo qué sé.*

1 Lee las frases de la izquierda y elige una de las respuestas de la derecha para dar tu opinión. Después compara con tu compañero/a. ¿Tenéis las mismas respuestas?

1. La comida francesa es la mejor de Europa.
2. España va a ganar el próximo Mundial.
3. Matemáticas es la asignatura más difícil del curso.
4. Los jóvenes son muy responsables.
5. El invierno es mejor que el verano.
6. El inglés es más fácil que el español.

- a A mí me parece que sí.
- b A mí me parece que no.
- c Yo creo/pienso/opino que sí.
- d Yo creo/pienso/opino que no.
- e No sé qué decir.
- f Yo qué sé.
- g No te puedo decir.

EXPRESAR LA CAUSA

- *Por qué* se usa para hacer preguntas:
  - ¿**Por qué** estudias español?

- *Porque* se usa para responder y dar explicaciones:
  - **Porque** me gusta mucho. / Estudio español **porque** me gusta mucho.

2 Trabaja con tu compañero/a. Pregúntale su opinión sobre estos temas y la causa de su respuesta. Sigue el ejemplo.

▶ ¿Qué piensas de los gatos?   ▷ No me gustan.
▶ ¿Por qué?   ▷ Porque no son sociables.

Alumno A

Pregunta a tu compañero/a por:
los gatos, el fútbol, la música romántica, los idiomas, bailar y la comida rápida.

Alumno B

Pregunta a tu compañero/a por:
los perros, el tenis, la literatura, el rap, el dinero y la comida vegetariana.

68 sesenta y ocho

Unidad 6

EXPRESAR ACUERDO Y DESACUERDO

Acuerdo total	Acuerdo parcial	Desacuerdo total
Estoy de acuerdo con… ¡Totalmente! ¡Por supuesto! Tienes razón. ¡Sí, claro!	**Estoy** en parte de acuerdo con… No estoy totalmente de acuerdo con… Si tú lo dices…	**No estoy** de acuerdo con… ¡Para nada! ¡Anda ya! ¡Qué va! ¡Que no! ¡Qué dices!

LA NEGACIÓN

- Para dar mayor énfasis a una opinión negativa, se usan algunas palabras de significado negativo que refuerzan el adverbio *no*:
    - *No me ha gustado **para nada**.*
    - *Tú **no** tienes **ni** idea de lo que estás hablando.*
    - ***No** quiero hablar de eso **nunca jamás**.*

49 **3** Escucha y completa. Luego, marca la opción correcta.

1 ▸ Hay unas nubes muy negras en el cielo, yo creo que esta tarde va a llover.
▸ ……………………, …………………….

- a La mujer cree que va a llover.
- b La mujer cree que no va a llover.

2 ▸ ¿Tú crees que el cine español está de moda? A mí me parece que sí. Hay muchas películas en este momento con proyección internacional, ¿verdad?
▸ Pffff, …………………….

- a La mujer no está de acuerdo con él.
- b La mujer está parcialmente de acuerdo con él.

3 ▸ ¡Mira qué vestido tan bonito! ¿Por qué no te lo compras? Seguro que te está muy bien, ¿no crees?
▸ …………………….

- a La mujer está de acuerdo con él.
- b La mujer no está de acuerdo con él.

4 Completa este cuestionario. Luego coméntalo con tu compañero/a. ¿Cómo ha reaccionado? ¿Estáis de acuerdo?

	¿Por qué?	La reacción de tu compañero/a
a El mejor cantante:		
b La mejor película:		
c La mejor comida:		
d La mejor ciudad:		

Actividades interactivas

sesenta y nueve **69**

Palabra por palabra VOCABULARIO

Las personalidades

impuntual

ruidoso/a

hablador/a

estresado/a

perezoso/a

soso/a

cariñoso/a

juerguista

1 Relaciona los adjetivos anteriores con sus contrarios.

a frío/a   ➡ ....
b callado/a   ➡ ....
c aburrido/a   ➡ ....
d divertido/a   ➡ ....

e silencioso/a ➡ ....
f trabajador/a ➡ ....
g puntual   ➡ ....
h tranquilo/a   ➡ ....

2 Escucha cómo Javi describe a Ana y Daniel y escribe sus personalidades.

Ana ➡ ...., ... y ....
Daniel ➡ ...., ... y ....

3 Para hablar de las características de una cosa, puedes usar estos adjetivos. Con tu compañero/a busca su significado, si no los conoces. Luego utilízalos para dar tu opinión sobre estos temas.

> práctico/a ▪ peligroso/a ▪ entretenido/a ▪ saludable ▪ interesante
> emocionante ▪ aburrido/a ▪ acogedor/a ▪ relajante

las redes sociales

Yo creo que las redes sociales son muy entretenidas, pero también un poco peligrosas.

el deporte

tu último libro

tu ciudad

las vacaciones

Unidad 6

Los tópicos

4 Lee las siguientes frases sobre los españoles. ¿Con qué adjetivos del ejercicio 1 puedes asociarlas?

¿Qué opinas de los españoles?

a Cuando se saludan, se dan dos besos. Math (Alemania)
→ ....

b Hablan y hablan y hacen muchos gestos. Miyuki (Japón)
→ ....

c Hablan casi siempre muy alto. Steph (Reino Unido)
→ ....

d Salen muy a menudo y vuelven a casa muy tarde. Mike (EE. UU.)
→ ....

e Habitualmente duermen la siesta. Marie (Francia)
→ ....

f Cuando tienen una cita casi siempre llegan tarde. Martina (Italia)
→ ....

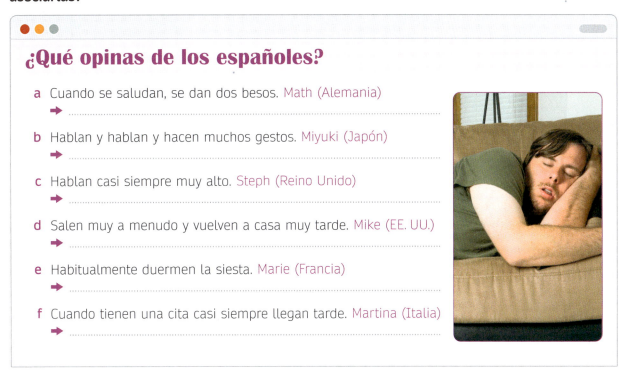

5 ¿Puedes definir ahora la palabra "tópico"? ¿Crees que los tópicos son siempre ciertos? ¿Sabes a qué países corresponden estos?

Italia ▪ Reino Unido ▪ Estados Unidos ▪ México

a .... b .... c .... d ....

6 ¿Qué imagen crees que tienen los extranjeros de tu país? Escribe frases similares a las del ejercicio 4.

Actividades interactivas

GRAMÁTICA

PRETÉRITO IMPERFECTO: VERBOS REGULARES

	hablar	comer	vivir
yo	hablaba	comía	vivía
tú	hablabas	comías	vivías
él/ella/usted	hablaba	comía	vivía
nosotros/as	hablábamos	comíamos	vivíamos
vosotros/as	hablabais	comíais	vivíais
ellos/ellas/ustedes	hablaban	comían	vivían

- Se usa el **pretérito imperfecto** para:

  • hablar de acciones habituales en el pasado:
  – Antes **salíamos** todos los fines de semana.

  • describir en el pasado:
  – De joven **era** muy trabajador.

  • describir una acción en desarrollo (no terminada) en el pasado, frente a una acción puntual:
  – Aquella tarde yo **estaba** sentado en el parque cuando empezó a llover.

- Normalmente el pretérito imperfecto va acompañado de las siguientes **expresiones temporales**:
  – **Antes** me gustaba mucho el chocolate, ahora no.
  – **Entonces** la vida en España era diferente.
  – **De pequeño/De joven** jugaba mucho con mis amigos.
  – **Cuando** estudiaba en la universidad, no salía mucho.

Videogramas ▶

1 Coloca los siguientes marcadores temporales correctamente en las frases y conjuga los verbos entre paréntesis en pretérito imperfecto. Uno de ellos no es necesario, ¿sabes cuál?

> cuando ▪ ayer ▪ antes ▪ a menudo ▪ de pequeño/a ▪ todos los días

a .... las mujeres españolas no .... (trabajar) fuera de casa.
b .... mis padres eran jóvenes .... (pasar) los fines de semana en el campo.
c .... mi hermana .... (jugar) con un osito de color azul.
d .... mi madre .... (preparar) paella los domingos.
e .... (coger, yo) el autobús para ir al colegio.

2 Con tu compañero/a, conjuga los verbos en pretérito imperfecto y forma tres en raya.

preparar, él	vivir, nosotras	estudiar, ella	viajar, tú	leer, ellos	abrir, él
trabajar, yo	hablar, vosotros	tener, ellas	dormir, nosotros	beber, tú	correr, nosotros
comer, ellos	jugar, tú	cantar, yo	salir, vosotras	haber, ella	hacer, ellos

3 Escribe tres frases sobre qué hacías cuando eras pequeño/a. Una de ellas debe ser falsa. Tu compañero/a tiene que adivinarla.

Unidad 6

VERBOS IRREGULARES

■ Solo existen tres verbos irregulares en pretérito imperfecto.

	ser	ver	ir
yo	era	veía	iba
tú	eras	veías	ibas
él/ella/usted	era	veía	iba
nosotros/as	éramos	veíamos	íbamos
vosotros/as	erais	veíais	ibais
ellos/ellas/ustedes	eran	veían	iban

4 Javi está muy interesado en la época de su abuelo y ha escrito una redacción para su colegio. Completa el texto conjugando los verbos entre paréntesis.

La España de los 60

En casa, mi abuelo dice que cuando él .... (ser) joven, la situación en España .... (ser) más difícil que ahora. He buscado en internet algunas cosas sobre esa época. Por ejemplo, que España .... (estar) gobernada por Franco y en nuestro país .... (haber) una dictadura, lo que significa, entre otras cosas, que la gente no .... (tener) libertad. También .... (haber) muchas personas que .... (emigrar) a otros países europeos como Francia, Alemania o Suiza, en busca de trabajo. Las familias .... (ser) muy grandes. Las mujeres .... (poder) tener una media de 4 o 5 hijos y habitualmente no .... (trabajar) fuera de casa. Muchas familias no .... (tener) coche ni .... (ver) la televisión. Tampoco .... (ir) de vacaciones al extranjero. Las principales aficiones de los españoles .... (ser) el fútbol y las corridas de toros. ¡Cómo hemos cambiado!

5 Busca en internet datos similares a los que da Javi sobre tu país en los años 60 y escribe un texto.

6 Pregunta a tu compañero/a por su infancia. Tienes que construir las preguntas con las imágenes siguientes, como en el ejemplo.

habitación

amigos

juguetes

ropa

¿Cómo era tu habitación?

Actividades interactivas

Érase una vez... LITERATURA

1 🎧52 Lee y escucha.

Tú, la oscuridad

Los domingos papá nos traía caramelos. Los compraba en una botica que había en Jérémie, un lugar lleno de trastos y de olores que se llamaba Pharmacie du Bord de Mer y que se dedicaba más al dulce que a las medicinas, nadie tomaba medicina en aquel tiempo. El dueño era un hombre flaco, con los ojos hundidos y las orejas caídas como las de un perro enfermo, más una boca pequeñita y gruesa [...] que nunca abría, ni para dar los buenos días.

(Adaptado de *Tú, la oscuridad*, Mayra Montero)

Mayra Montero

Es una novelista cubana, aunque residente en Puerto Rico, considerada una de las máximas exponentes de la literatura caribeña. Varias de sus novelas han sido traducidas a numerosos idiomas. Sus principales obras son *El caballero de San Petersburgo*, *La última noche que pasé contigo* y *Tú, la oscuridad*.

2 Relaciona las palabras con sus definiciones.

1. Botica.
2. Trasto.
3. Dueño/a.
4. Flaco/a.
5. Hundido/a.
6. Grueso/a.
7. Gallina.

a. Delgado/a.
b. Metido/a hacia dentro.
c. Cosa inútil, estropeada o vieja.
d. Gordo/a, voluminoso/a.
e. Propietario/a.
f. Farmacia.
g. Ave doméstica, hembra del gallo.

3 Responde a las preguntas.

1. ¿Por qué se vendían más dulces que medicamentos en la tienda?
   ....

2. ¿Cuál de estos adjetivos describe mejor al dueño de la tienda?
   a. sociable   b. callado   c. antipático

3. ¿Recuerdas alguna tienda de tu infancia como la del texto?
   ....

4. ¿Cómo era físicamente el dueño?
   ....

4 Todos los verbos del texto están en pretérito imperfecto, ¿por qué?

74 setenta y cuatro

Unidad 6

5 Lee el siguiente texto y elige la opción correcta.

Viaje en el tiempo

Estela se despertó más temprano de lo normal. Cuando abrió los ojos se asustó, porque no reconocía la habitación. Estaba en casa de sus abuelos en la plaza de la Puerta del Sol, pero los muebles eran diferentes: los de los abuelos no eran tan antiguos como aquellos. Del exterior entraba mucho ruido, podía oír música, campanas y aplausos. Miró por la ventana y vio una multitud de gente. Llevaban ropa de otra época, estaban contentos, aplaudían y llevaban pancartas. En sus manos agitaban extrañas banderas de España y levantaban un brazo.

En las paredes había carteles con la foto de un señor con bigote. Estela se preocupó más, porque empezó a escuchar gente que hablaba dentro de la casa, susurraban asustados y una mujer lloraba. De repente, oyó el ruido de la puerta y la mujer dijo: "Carlos no vive aquí". Unos hombres que vestían de azul abrieron la puerta y Estela cerró los ojos.

Un segundo después los volvió a abrir, el lugar era otra vez la habitación que ella conocía y su abuela estaba allí con ella. Le secaba el sudor de la frente y decía: "Tranquila, cariño, era una pesadilla".

Estela estaba confundida y preguntó: "Abuela, ¿quién es Carlos?". La abuela la miraba sorprendida: "Creo que tu abuelo te ha contado demasiadas cosas y eres muy pequeña para entender la triste historia de este país. Ahora, vístete rápido, hoy es 19 de mayo, es el cumple del abuelo, ¿recuerdas?".

1 Lo que Estela vio y escuchó en casa de sus abuelos…
  a era una manifestación.
  b era un sueño.
  c era un viaje en el tiempo.

2 Las personas que Estela escuchaba en casa…
  a estaban felices y contentas como las personas de la calle.
  b estaban asustadas.
  c la llamaban por su nombre.

3 Cuando la abuela dijo "pesadilla" se refería a…
  a un sueño muy feo y desagradable.
  b que Estela estaba enferma.
  c que Estela tuvo una experiencia triste.

4 En su pesadilla, Estela se traslada a…
  a una época de una España feliz.
  b una época trágica para España.
  c una época de libertades en España.

6 Observa estas fotos y decide cuál se corresponde al sueño de Estela.

7 Fíjate en la fecha del final del relato e investiga en internet qué acontecimiento representa para la historia de España ese mismo día en el año 1939.

Actividades interactivas   Spanish Blogger - Misión 12

Ahora comprueba

1 Escucha a estas personas hablando sobre su casa y responde a las siguientes preguntas.

Isabel
- a ¿De qué parte de la casa habla Isabel? ....
- b ¿Por qué le gusta mucho? ....
- c ¿Por qué quiere cambiar su escritorio? ....

Sara
- a ¿Dónde está Sara? ....
- b ¿Por qué le encanta ese lugar? ....
- c ¿Para qué usan la mesa de la terraza? ....

Javi
- a ¿Qué piensan los padres del escritorio de Javi? ....
- b ¿Qué hace Javi todas las mañanas? ....
- c ¿Qué va a hacer Javi para tener más espacio? ....

2 Observa los salones de Sara y Javi y describe todos los objetos que veas.

Salón de Sara

Salón de Javi

3 Ahora compara el salón de Sara y el de Javi.
- a El salón de Sara es (grande) **más grande/mayor que el (salón) de Javi.**
- b El salón de Javi es (moderno) ....
- c Las plantas de Sara son (pequeñas) ....
- d En el salón de Javi hay (cuadros) ....
- e El teléfono de Javi es (antiguo) ....
- f El sofá de Sara es (cómodo) ....

76 setenta y seis

REPASO UNIDADES 1 Y 2

4 **Completa las frases con *ir a* + infinitivo.**

a Mi madre .... (ir) a Londres la próxima semana.
b Mi hermana y yo la .... (llamar) todos los días.
c Mis padres .... (comprar) una televisión nueva.
d Juan, ¿qué .... (hacer) este fin de semana?
e Vosotros viajáis mucho. ¿Dónde .... (viajar) este verano?
f Este sábado Lucía y Marta .... (estudiar) a la biblioteca.

5 **Completa las frases con *tienes que*, *hay que* o *debes* según corresponda.**

a Si quieres estar sano, ...*debes*.... tener una dieta equilibrada.
b Para aprobar todas las asignaturas .... estudiar día a día.
c Para escribir bien .... leer mucho.
d .... ver poco la televisión.
e En los viajes, ... comer lo que come la gente del país al que vas.
f Si no quieres resfriarte, ... llevar ropa de abrigo.

6 **Escucha las siguientes descripciones y relaciónalas con los consejos.**

1 Cantabria • • a Si vas a viajar al norte de España, tienes que llevar un paraguas. Si visitas esa zona, debes visitar sus montañas; son preciosas.

2 Ávila • • b Si vas a viajar al sur de España, tienes que usar un protector solar y llevar ropa de verano.

3 Andalucía • • c Si vas a viajar allí este fin de semana, tienes que conducir con precaución y debes llevar ropa para el frío.

7 **Escribe los consejos que darías a tu amigo/a en las siguientes situaciones.**

a Mi habitación está muy desordenada.
b No hago mis deberes.
c Voy a esquiar.
d Esta semana tengo cuatro exámenes.

setenta y siete **77**

Ahora comprueba

1 Escucha y responde a las siguientes preguntas.

a ¿Dónde ha estado la madre de Isabel? ....
b ¿Qué ha hecho? ....
c ¿Qué monumentos ha visto? ....
d ¿Ha visitado esos monumentos? ....
e ¿Qué ha hecho esta semana Isabel en casa? ....
f ¿Y en la escuela? ....

2 ¿Qué has hecho hoy? Clasifica en este cuadro las cosas que ya has hecho y las cosas que todavía no has hecho hoy.

- ~~levantarse~~
- llegar a clase
- desayunar
- abrir el libro de español
- cenar
- hablar con mis compañeros
- decir "hola" a mi profesor/a
- volver a casa
- terminar las clases
- jugar con la videoconsola
- acostarse

Hoy

Ya...	Todavía no...
me he levantado.	

78 setenta y ocho

REPASO UNIDADES 3 Y 4

3 **Lee el texto de Isabel y corrige los errores. Después, escucha a tu profesor/a y comprueba.**

> Hoy he llegado tarde a clase porque mi hermano Ricardo ha rompido mis gafas. Después he ido a la óptica y me han hacido unas gafas nuevas. Hace diez minutos que he descubrido que me las han graduado mal, me las he ponido al llegar a clase y no he conocido a mi profesor de español. Tampoco he veido a Marco ni a Viviana, aunque ellos han estado todo el tiempo en sus mesas. Hace un minuto mi profesor me ha decido que puedo salir de clase antes para volver a la óptica. ¡Menuda mañana que he tenido!

4 **Relaciona estas frases.**

1. Mi abuelo viajó
2. La semana pasada fui
3. El año pasado mis padres
4. La semana pasada mi hermana
5. El lunes fue el
6. Ayer en el instituto

a. cumpleaños de mi madre.
b. en globo en 1967.
c. ganó un concurso de poesía.
d. al campo de excursión.
e. tuve un examen de Matemáticas.
f. hicieron un viaje por Europa.

5 **Fíjate en las frases de la actividad anterior y busca:**

a. Dos verbos irregulares en pretérito indefinido en la raíz: .... y ....
b. Dos verbos que se conjugan igual en pretérito indefinido: .... y ....
c. Dos verbos regulares en pretérito indefinido: .... y ....

6 **Escribe un texto en el que contestes las siguientes preguntas.**

a. ¿Cuándo fue el último viaje que hiciste?
b. ¿Adónde fuiste?
c. ¿Con quién fuiste?
d. ¿Cómo te lo pasaste?
e. ¿Qué viste?
f. ¿Qué cosas hiciste?
g. ¿Qué no te gustó nada del viaje?
h. ¿Qué fue lo que más te gustó?

setenta y nueve **79**

Ahora comprueba

 1 Escucha a estas cuatro personas y escribe a qué diálogo se refieren en cada caso.

    a Diálogo ☐   **b** Diálogo ☐   **c** Diálogo ☐   **d** Diálogo ☐

 2 Ahora vuelve a escuchar y corrige la información de las siguientes frases.

    a En las rebajas comprar es más caro.
    ➡ ....

    b Alberto llama a Luis.
    ➡ ....

    c La nevera de 800€ era grande.
    ➡ ....

    d La tía de Cristina no come carne.
    ➡ ....

    e Luis necesita los apuntes de Ciencias.
    ➡ ....

3 Responde a las siguientes frases usando el imperativo de los verbos del recuadro.

> volver más tarde ▪ pasar ▪ abrir la ventana ▪ ir al médico ▪ poner la radio
> decir ▪ conectar el cable ▪ ~~coger el ascensor~~ ▪ buscar en la biblioteca

    a No puedo subir las escaleras, me duele mucho este pie. ➡ *Coge el ascensor.*

    b Hola, ¿puedo entrar? ➡ ....

    c Quiero contarte una cosa muy importante. ➡ ....

    d Me duele mucho el estómago. ➡ ....

    e Quiero oír música. ➡ ....

    f No sé encender este aparato. ➡ ....

    g Necesito un diccionario monolingüe. ➡ ....

    h Necesito hablar con el jefe de estudios y no está. ➡ ....

    i Hace mucho calor aquí. ➡ ....

REPASO UNIDADES 5 Y 6

4 **Completa con *ser* o *estar*.**

a Buenos Aires .... la capital de Argentina.

b Bilbao .... en el norte de España.

c José .... enfermo.

d ¿Dónde .... mis gafas?

e Andrés .... el hermano de Luisa.

f La nueva profesora .... muy aburrida; no nos divertimos en clase.

g Mis padres .... argentinos.

h Julia .... muy triste.

i Este sábado la biblioteca .... abierta. Podemos ir a estudiar.

j Los españoles .... muy divertidos.

k Los servicios .... en la planta de abajo.

5 **Teresa nos cuenta cómo era su vida de pequeña. Completa lo que dice.**

De pequeña a .... muy poco porque era muy tímida. No tenía hermanos y tampoco b .... muchos amigos. Recuerdo que mis padres me c .... mucho porque siempre d .... tarde a clase. Lo que más me gustaba e .... mi perro Trueno, todas las tardes f .... con él en el parque. Algunos sábados g .... a casa de mis abuelos de visita. Allí h .... una amiga que se i .... Rosa y j .... muy simpática. ¡Me k .... estar con ella!

6 **Completa estos diálogos con las opciones propuestas. Después, escucha y comprueba.** (54)

> fantástico ▪ Qué dices ▪ nada ▪ Sí ▪ Si tú lo dices ▪ americano

1 ▸ Ayer fui al cine. La película era muy buena.
▸ ¿..................?, ¿qué película era?
▸ Era una película francesa.
▸ Sí, es que el cine europeo es mejor que el ....
▸ ¡..................! Depende de la película, no siempre es así.

2 ▸ Uf, otro día más de clase...
▸ ¡Qué dices! Ir a clase todos los días es ....
▸ ....
▸ Claro, hay que hacer cosas, todo el día sin hacer .... es imposible, mejor ir a clase.

7 **Di si estás de acuerdo o no con las opiniones de los diálogos del ejercicio anterior. Reacciona con expresiones de acuerdo o desacuerdo y explica tu reacción.**

Diálogo 1: *El cine europeo es mejor que el americano...*
Diálogo 2: *Ir a clase todos los días es fantástico...*

ochenta y uno **81**

Apéndice gramatical

LOS COMPARATIVOS

- **Comparativo de cualidad** (con adjetivos y adverbios).

Superioridad	más … que	– Julián es **más** rápido **que** Pedro.
Inferioridad	menos … que	– Pedro camina **menos** lento **que** Julián.
Igualdad	tan … como	– Julián es **tan** divertido **como** Pedro.

> **EXPANSIÓN GRAMATICAL**
>
> - **Comparativo de cantidad** (con nombres)
>
> | | | |
> |---|---|---|
> | Superioridad | más … que | – María tiene **más** dinero **que** Luis. |
> | Inferioridad | menos … que | – Javi gana **menos** dinero **que** María. |
> | Igualdad | tanto/a/os/as … como | – Julia tiene **tantas** amigas **como** yo. |
>
> - **Comparativo de cantidad** (con verbos)
>
> | | | |
> |---|---|---|
> | Superioridad | …más que | – Hoy hemos estudiado **más que** ayer. |
> | Inferioridad | …menos que | – Últimamente hemos estudiado **menos** que hoy. |
> | Igualdad | …tanto como | – Hoy hemos estudiado **tanto como** ayer. |

LOS ADJETIVOS Y PRONOMBRES DEMOSTRATIVOS

situación del hablante	singular masculino	singular femenino	plural masculino	plural femenino
aquí (cerca)	este	esta	estos	estas
ahí (medio)	ese	esa	esos	esas
allí (lejos)	aquel	aquella	aquellos	aquellas

- Los **adjetivos demostrativos** concuerdan en género y número con el nombre al que acompañan:
  – **Este** libro es mío.   – ¿De quién son **aquellas** hojas que hay encima de la mesa?

- Los **pronombres demostrativos** concuerdan en género y número con el nombre al que sustituyen:
  ▶ ¡Hola, Encarna! ¿Cómo estás?   ▶ ¿Te gustan **estos** plátanos?
  ▷ Muy bien, gracias. Mira, **esta** es Manuela, mi hermana.   ▷ No, me gustan **aquellos**.

- Los pronombres demostrativos neutros **esto**, **eso** y **aquello** se usan para identificar una cosa que no se conoce o para referirse a un conjunto de cosas. No se usan para las personas:
  ▶ ¿Qué es **esto**?   ▶ ¿Qué es **eso**?   ▶ ¿Qué es **aquello**?
  ▷ Es una lámpara.   ▷ Es un teléfono móvil.   ▷ Son unas zapatillas.

- *Este*, *esta*, *estos*, *estas* y *esto* se refieren a algo o alguien que está junto a la persona que habla y están relacionados con el adverbio *aquí*:
  – **Este** es mi móvil.

- *Ese*, *esa*, *esos*, *esas* y *eso* se refieren a algo o alguien que está junto a la persona que habla y están relacionados con el adverbio *ahí*:
  – **Esas** botas son de Luis.

- *Aquel*, *aquella*, *aquellos*, *aquellas* y *aquello* se refieren a algo o alguien que está lejos de la persona que habla y de la que escucha y están relacionados con el adverbio *allí*:
  – **Aquella** bicicleta es de mi primo.

Aquella bicicleta es de mi primo.
Esas botas son de Luis.
Este es mi móvil.

Apéndice gramatical

LOS PRONOMBRES DE OBJETO DIRECTO

yo	me
tú	te
él/ella/usted	lo/la
nosotros/as	nos
vosotros/as	os
ellos/ellas/ustedes	los/las

- El **pronombre de objeto directo** sustituye y evita repetir el nombre al que hace referencia:
  ▶ *¿Tienes el libro de Matemáticas?*
  ▷ *Sí, **lo** tengo en mi casa.*

  ▶ *¿Quién compra la tarta de cumpleaños?*
  ▷ ***La** compramos nosotros.*

LOS NÚMEROS CARDINALES (100-900)

100	cien	**400**	cuatrocientos	**700**	setecientos
101	ciento uno	**415**	cuatrocientos quince	**720**	setecientos veinte
200	doscientos	**500**	quinientos	**800**	ochocientos
202	doscientos dos	**526**	quinientos veintiséis	**897**	ochocientos noventa y siete
300	trescientos	**600**	seiscientos	**899**	ochocientos noventa y nueve
303	trescientos tres	**669**	seiscientos sesenta y nueve	**900**	novecientos

LAS PERÍFRASIS VERBALES CON INFINITIVO

- ***Ir a*** + infinitivo
  - Para expresar **planes** o **intenciones** en el futuro:
    – *Esta tarde **voy a ir** al cine.*
  - Para hablar de **algo que va a ocurrir** con seguridad:
    – *Hay nubes en el cielo, **va a llover**.*
  - Con **expresiones temporales referidas al futuro**:
    – ***Esta tarde** voy a jugar al tenis.*

- ***Hay que*** + infinitivo
  - Para expresar una **obligación** o una **necesidad en general**:
    – *En clase **hay que hablar** español.*

- ***Tener que*** + infinitivo
  - Para expresar una **obligación** o una **necesidad** de algo en **particular**:
    – *Para mi examen **tengo que estudiar** mucho.*

- ***Deber*** + infinitivo
  - Para expresar una **necesidad como recomendación** o **consejo**:
    – *Si tienes sueño, **debes dormir** más.*

PRETÉRITO PERFECTO DE INDICATIVO

- **Formación**

  - El **pretérito perfecto** se forma con el presente de indicativo del verbo *haber* seguido del participio del verbo conjugado.

		verbos en -AR	verbos en -ER	verbos en -IR
yo	he			
tú	has			
él/ella/usted	ha	viaj**ado**	com**ido**	dorm**ido**
nosotros/as	hemos			
vosotros/as	habéis			
ellos/ellas/ustedes	han			

ochenta y tres **83**

Apéndice gramatical

- **Usos**
  - El **pretérito perfecto** indica acciones terminadas en un pasado reciente o no terminado. Normalmente va acompañado de estas **expresiones temporales**:

    | esta | mañana
tarde
noche
semana | este | mes
año
fin de semana
verano | hoy
últimamente
hace | diez minutos
dos horas
un rato |

    – **Esta mañana** he hablado con mi tía por teléfono.   – Mis padres se han ido a su casa **hace un rato**.

  - El **pretérito perfecto** se usa también para hablar de experiencias vividas sin especificar el tiempo, de un modo general. En estos casos se usan las siguientes expresiones temporales.

    ya   alguna vez
    todavía no/aún no   nunca/jamás
                                varias veces/(n.º) veces

    ▶ ¿Has visto **ya** la última película de Javier Bardem?   ▶ ¿Has viajado **alguna vez** en avión?
    ▷ No, **todavía no** la he visto.   ▷ No, **nunca**. Me da miedo.

LOS POSESIVOS POSPUESTOS

	singular		plural	
	masculino	**femenino**	**masculino**	**femenino**
yo	mío	mía	míos	mías
tú	tuyo	tuya	tuyos	tuyas
él/ella/usted	suyo	suya	suyos	suyas
nosotros/as	nuestro	nuestra	nuestros	nuestras
vosotros/as	vuestro	vuestra	vuestros	vuestras
ellos/ellas/ustedes	suyo	suya	suyos	suyas

- Los posesivos pospuestos **siguen siempre al sustantivo**. Pueden funcionar también como pronombres:
  ▶ Es un error **tuyo**. (adjetivo)   ▷ ¿**Mío**? (pronombre)   ▶ Sí, **tuyo**. (pronombre)

> **EXPANSIÓN GRAMATICAL**
>
> - **Adjetivos posesivos**
>
> | | singular | | plural | |
> |---|---|---|---|---|
> | | **masculino** | **femenino** | **masculino** | **femenino** |
> | | **Mi** coche | **Mi** casa | **Mis** coches | **Mis** casas |
> | | **Tu** coche | **Tu** casa | **Tus** coches | **Tus** casas |
> | | **Su** coche | **Su** casa | **Sus** coches | **Sus** casas |
> | | **Nuestro** coche | **Nuestra** casa | **Nuestros** coches | **Nuestras** casas |
> | | **Vuestro** coche | **Vuestra** casa | **Vuestros** coches | **Vuestras** casas |
> | | **Su** coche | **Su** casa | **Sus** coches | **Sus** casas |
>
> **1** Elige la opción correcta.
>
> a Mi / Mío grupo favorito cuando tenía 16 era un grupo de pop nacional que con b sus / suyas canciones hicieron bailar y cantar a todos los chicos de c suya / nuestra edad. d Suyas / Sus melodías eran fáciles de aprender y e su / suya imagen era la de cuatro chicos vestidos con una camiseta y f sus / suyos eternos vaqueros. g Mi / Mía habitación y la de h míos / mis amigos estaban llenas de sus pósteres. i Sus / Nuestros hermanos mayores decían que aquello no era buena música. Nosotros les preguntábamos: ¿Y j vuestros / tuyos grupos favoritos son mejores que los k suyos / nuestros?

Apéndice gramatical

PRETÉRITO INDEFINIDO

■ Formación

verbos regulares

	viajar	comer	vivir
yo	viaj**é**	com**í**	viv**í**
tú	viaj**aste**	com**iste**	viv**iste**
él/ella/usted	viaj**ó**	com**ió**	viv**ió**
nosotros/as	viaj**amos**	com**imos**	viv**imos**
vosotros/as	viaj**asteis**	com**isteis**	viv**isteis**
ellos/ellas/ustedes	viaj**aron**	com**ieron**	viv**ieron**

verbos totalmente irregulares

	ser/ir	dar
yo	fui	di
tú	fuiste	diste
él/ella/usted	fue	dio
nosotros/as	fuimos	dimos
vosotros/as	fuisteis	disteis
ellos/ellas/ustedes	fueron	dieron

■ Verbos irregulares en la raíz verbal

poner → **pus-**
poder → **pud-**
venir → **vin-**
querer → **quis-**
hacer → **hic-/z-**
andar → **anduv-**
estar → **estuv-**
tener → **tuv-**
traer → **traj-***

e
iste
o
imos
isteis
ieron

	estar	hacer
yo	estuv**e**	hic**e**
tú	estuv**iste**	hic**iste**
él/ella/usted	estuv**o**	hiz**o**
nosotros/as	estuv**imos**	hic**imos**
vosotros/as	estuv**isteis**	hic**isteis**
ellos/ellas/ustedes	estuv**ieron**	hic**ieron**

* El verbo *traer* en 3.ª persona del plural es ***trajeron***.

■ Usos

- El **pretérito indefinido** indica acciones pasadas, terminadas y que no tienen relación con el presente:
  – Ayer por la tarde **fui** al cine.   – La semana pasada **comí** en casa de mis abuelos.

- Normalmente va acompañado de las siguientes **expresiones temporales**:
  – Ayer (ayer por la mañana/al mediodía/por la tarde/por la noche).
  – Anteayer/Antes de ayer.
  – Anoche.
  – El otro día.
  – La semana pasada (El lunes/sábado pasado).
  – El mes pasado.
  – Hace dos meses.
  – En enero/En enero del año pasado/En enero de hace dos años...
  – El 25 de septiembre de 1982.

SER Y ESTAR

■ Se usa el verbo *ser* para:

- definir personas o cosas: – Madrid **es** una ciudad.
- describir características físicas: – Isaac **es** guapísimo.
- describir un objeto: – La mesa **es** de madera.
- describir el carácter: – Carmen **es** muy simpática.
- indicar la nacionalidad: – Carlo **es** italiano.
- decir la hora: – **Son** las tres de la tarde.
- decir la profesión: – Francisco **es** profesor.

■ Se usa el verbo *estar* para:

- localizar una persona o un objeto en el espacio: – Javi no **está** en casa.
            – La Puerta del Sol **está** en Madrid.
- hablar de situaciones temporales o transitorias: – Laura **está** enferma.
            – La biblioteca **está** cerrada.

ochenta y cinco **85**

Apéndice gramatical

EXPANSIÓN GRAMATICAL

- Adjetivos que cambian de significado según se usen con **ser** o **estar**:

	ser	**estar**
abierto/a	• comunicativo: – Soy una persona abierta.	• resultado de abrir: – La tienda no está abierta el domingo.
atento/a	• gentil, amable: – El camarero fue muy atento conmigo.	• prestar atención: – Deberías estar más atento en clase.
callado/a	• hablar poco habitualmente: – Es una persona callada y no cuenta muchas cosas.	• no hablar: – ¿No puedes estar callada un momento?
delicado/a	• sensible: – No le digas nada a Clara sobre esto, ya sabes que es muy delicada.	• con problemas de salud: – Mi abuela está delicada estos días.
despierto/a	• listo, inteligente: – Tiene solo tres años pero es muy despierto y sabe hablar muy bien.	• no estar durmiendo: – No me gusta estar despierto a las doce de la noche.
grave	• serio: – La situación laboral en España es grave.	• muy mal de salud: – El doctor dijo que el paciente estaba grave.
listo/a	• inteligente: – ¡Qué listo eres! ¡Querías engañarme!	• preparado, acabado: – Ya estoy lista, vámonos.
molesto/a	• molestar, fastidiar: – Tener mosquitos por la noche es bastante molesto.	• sentir incomodidad por algo: – Está muy molesto con sus hermanas y no habla con ellas.
rico/a	• con mucho dinero: – Ganó la lotería y ahora es muy rico.	• bueno (de sabor): – Estas lentejas están muy ricas.

ESTAR + GERUNDIO

- La perífrasis **estar** + **gerundio** se usa para indicar una acción que se está desarrollando:
    – Esta semana **estoy estudiando** mucho.   – Ahora mismo **estoy comiendo**, te llamo luego.

- El **gerundio** se forma añadiendo a la raíz del verbo la siguiente terminación:

verbos en -**ar** ➡ -**ando**
verbos en -**er**/-**ir** ➡ -**iendo**

trabaj-ar ➡ trabaj-**ando**
corr-er ➡ corr-**iendo**
escrib-ir ➡ escrib-**iendo**

EXPANSIÓN GRAMATICAL

Gerundios irregulares

- Los verbos de la 2.ª y 3.ª conjugación que antes de la terminación del infinitivo tienen una vocal hacen el gerundio en -**yendo**:
  le-er ➡ le-**yendo**; constru-ir ➡ constru-**yendo**; oír ➡ o-**yendo**.

- Los verbos de la 3.ª conjugación que en presente de indicativo tienen **cambio vocálico** (e ➡ i) o una **diptongación** (e ➡ ie) cambian la **e** por **i**:
  p**e**d-ir ➡ p**i**d-iendo; pref**e**r-ir ➡ prefir-iendo; desp**e**d-ir ➡ despid-iendo.

- Algunos verbos son completamente irregulares:
  pod-er ➡ **pud**-iendo; morir ➡ **mur**-iendo; dormir ➡ **durm**-iendo; ir ➡ **yendo**.

2 Pon los siguientes verbos en gerundio.

a Oír ➡ ....
b Decir ➡ ....
c Poder ➡ ....
d Elegir ➡ ....
e Traer ➡ ....
f Caer ➡ ....

Apéndice gramatical

IMPERATIVO AFIRMATIVO (2.ª persona singular y plural)

- El **imperativo** se usa para dar órdenes, instrucciones, consejos y sugerencias.

	conectar	**coger**	**subir**
tú	conect**a**	cog**e**	sub**e**
vosotros/as	conect**ad**	cog**ed**	sub**id**

- Verbos irregulares

	oír	**tener**	**venir**	**salir**	**ser**	**poner**	**hacer**	**decir**	**ir**
tú	**oye**	**ten**	**ven**	**sal**	**sé**	**pon**	**haz**	**di**	**ve**
vosotros/as	oíd	tened	venid	salid	sed	poned	haced	decid	id

- Los verbos con **cambio vocálico** en el presente de indicativo **mantienen la irregularidad** también en el imperativo.

	(e → ie) **empezar**	(o → ue) **dormir**	(e → i) **seguir**
tú	emp**ie**za	d**ue**rme	s**i**gue
vosotros/as	empezad	dormid	seguid

La 2.ª persona del plural (vosotros/as) es siempre regular.

> ⚠ **EXPANSIÓN GRAMATICAL**
> - El imperativo afirmativo de *usted* y *ustedes*
>
> | | **conectar** | **leer** | **subir** |
> |---|---|---|---|
> | usted | conect**e** | le**a** | sub**a** |
> | ustedes | conect**en** | le**an** | sub**an** |

POR QUÉ / PORQUE

- *Por qué* se usa para hacer preguntas:
  – ¿**Por qué** estudias español?

- *Porque* se usa para responder y dar explicaciones:
  – **Porque** me gusta mucho. /
  Estudio español **porque** me gusta mucho.

PRETÉRITO IMPERFECTO

verbos regulares

	hablar	**comer**	**vivir**
yo	habl**aba**	com**ía**	viv**ía**
tú	habl**abas**	com**ías**	viv**ías**
él/ella/usted	habl**aba**	com**ía**	viv**ía**
nosotros/as	habl**ábamos**	com**íamos**	viv**íamos**
vosotros/as	habl**abais**	com**íais**	viv**íais**
ellos/ellas/ustedes	habl**aban**	com**ían**	viv**ían**

verbos irregulares

	ser	**ver**	**ir**
yo	era	veía	iba
tú	eras	veías	ibas
él/ella/usted	era	veía	iba
nosotros/as	éramos	veíamos	íbamos
vosotros/as	erais	veíais	ibais
ellos/ellas/ustedes	eran	veían	iban

- Se usa el **pretérito imperfecto** para:
  - hablar de acciones habituales en el pasado: – *Antes **salíamos** todos los fines de semana.*
  - narrar o describir una situación pasada: – *De joven **era** muy trabajador.*
  - describir una acción en desarrollo (no terminada) en el pasado, frente a una acción puntual:
    – *Aquella tarde yo **estaba** sentado en el parque cuando empezó a llover.*

- Normalmente el pretérito imperfecto va acompañado de las siguientes **expresiones temporales**:
  – ***Antes*** *me encantaba el chocolate, ahora no.*
  – ***Entonces*** *la vida en España era diferente.*
  – ***De pequeño/De joven*** *jugaba mucho en la calle.*
  – ***Cuando*** *iba a la universidad, no salía mucho.*

ochenta y siete **87**

Tabla de verbos

PRETÉRITO PERFECTO

Verbos regulares

-ar CANTAR	-er COMER	-ir VIVIR
he cantado	he comido	he vivido
has cantado	has comido	has vivido
ha cantado	ha comido	ha vivido
hemos cantado	hemos comido	hemos vivido
habéis cantado	habéis comido	habéis vivido
han cantado	han comido	han vivido

Participios irregulares

abrir → **abierto**	freír → **frito**	resolver → **resuelto**
absolver → **absuelto**	hacer → **hecho**	revolver → **revuelto**
cubrir → **cubierto**	imprimir → **impreso**	romper → **roto**
decir → **dicho**	morir → **muerto**	ver → **visto**
escribir → **escrito**	poner → **puesto**	volver → **vuelto**

PRETÉRITO INDEFINIDO

Verbos regulares

-ar CANTAR	-er COMER	-ir VIVIR
canté	comí	viví
cantaste	comiste	viviste
cantó	comió	vivió
cantamos	comimos	vivimos
cantasteis	comisteis	vivisteis
cantaron	comieron	vivieron

Verbos irregulares

ANDAR	CABER	CAER	COMENZAR	CONCLUIR
anduve	cupe	caí	comencé	concluí
anduviste	cupiste	caíste	comenzaste	concluiste
anduvo	cupo	cayó	comenzó	concluyó
anduvimos	cupimos	caímos	comenzamos	concluimos
anduvisteis	cupisteis	caísteis	comenzasteis	concluisteis
anduvieron	cupieron	cayeron	comenzaron	concluyeron

CONDUCIR	CONSTRUIR	CONTRIBUIR	DAR	DECIR
conduje	construí	contribuí	di	dije
condujiste	construiste	contribuiste	diste	dijiste
condujo	construyó	contribuyó	dio	dijo
condujimos	construimos	contribuimos	dimos	dijimos
condujisteis	construisteis	contribuisteis	disteis	dijisteis
condujeron	construyeron	contribuyeron	dieron	dijeron

Tabla de verbos

DESTRUIR	DORMIR	EMPEZAR	ELEGIR	ESTAR
destruí	dormí	empecé	elegí	estuve
destruiste	dormiste	empezaste	elegiste	estuviste
destruyó	durmió	empezó	eligió	estuvo
destruimos	dormimos	empezamos	elegimos	estuvimos
destruisteis	dormisteis	empezasteis	elegisteis	estuvisteis
destruyeron	durmieron	empezaron	eligieron	estuvieron

HABER	HACER	HUIR	IR	JUGAR
hube	hice	huí	fui	jugué
hubiste	hiciste	huiste	fuiste	jugaste
hubo	hizo	huyó	fue	jugó
hubimos	hicimos	huimos	fuimos	jugamos
hubisteis	hicisteis	huisteis	fuisteis	jugasteis
hubieron	hicieron	huyeron	fueron	jugaron

LEER	MEDIR	MENTIR	MORIR	OÍR
leí	medí	mentí	morí	oí
leíste	mediste	mentiste	moriste	oíste
leyó	midió	mintió	murió	oyó
leímos	medimos	mentimos	morimos	oímos
leísteis	medisteis	mentisteis	moristeis	oísteis
leyeron	midieron	mintieron	murieron	oyeron

PEDIR	PEGAR	PESCAR	PODER	PONER
pedí	pegué	pesqué	pude	puse
pediste	pegaste	pescaste	pudiste	pusiste
pidió	pegó	pescó	pudo	puso
pedimos	pegamos	pescamos	pudimos	pusimos
pedisteis	pegasteis	pescasteis	pudisteis	pusisteis
pidieron	pegaron	pescaron	pudieron	pusieron

QUERER	SABER	SER	SERVIR	SONREÍR
quise	supe	fui	serví	sonreí
quisiste	supiste	fuiste	serviste	sonreíste
quiso	supo	fue	sirvió	sonrió
quisimos	supimos	fuimos	servimos	sonreímos
quisisteis	supisteis	fuisteis	servisteis	sonreísteis
quisieron	supieron	fueron	sirvieron	sonrieron

TENER	TRADUCIR	TRAER	VENIR	VER
tuve	traduje	traje	vine	vi
tuviste	tradujiste	trajiste	viniste	viste
tuvo	tradujo	trajo	vino	vio
tuvimos	tradujimos	trajimos	vinimos	vimos
tuvisteis	tradujisteis	trajisteis	vinisteis	visteis
tuvieron	tradujeron	trajeron	vinieron	vieron

Glosario

ESPAÑOL	EN TU LENGUA
A	
abierto/a (0) (1)	
el abrigo (2) (5)	
acostarse (o>ue) (0)	
ahora (2)	
el albergue (4)	
alojarse (4)	
alto/a (0)	
amable (6)	
amarillo (0)	
anaranjado (0)	
andar (3) (4)	
¡Anda ya! (6)	
anoche (4)	
el anorak (2)	
antes (6)	
antipático/a (0)	
el anuncio (3) (4)	
aquello (1)	
aquellos/as (1)	
el artículo (3)	
el ascensor (5)	
la aspiradora (1)	
ayer (4)	
azul (0)	
B	
bajar (3)	
bajo cero (2)	
bañarse (4)	
el billete (4)	
blanco (0)	
las botas (0)	
la bufanda (0)	
buscar (4)	
C	
la cabeza (0)	
los calcetines (0)	
la calculadora (1)	
callado/a (6)	
caluroso/a (2)	
la cámara de fotos (1) (5)	
la camisa (0)	
la camiseta (0)	
cariñoso/a (6)	
la carnicería (5)	
la carpeta (1)	
cenar (0)	
las chanclas (2)	
la chaqueta (0)	
comer (0)	
¿Cómo va a pagar? (5)	
comprar (0)	
conocer (-zc) (0) (4)	
la corbata (0)	
corto/a (0)	
crecer (4)	
creer (0)	
el cristal (1)	
cuadrado/a (1)	
el cuadro (1)	
cuando (6)	
¿Cuánto cuesta? (5)	
¿Cuánto es? (5)	
¡Cuánto llueve! (2)	
el cuello (0)	

ESPAÑOL	EN TU LENGUA
el cuero (1)	
el cuerpo de la noticia (3)	
D	
dar (3) (4)	
de joven (6)	
de pequeño/a (6)	
de rebajas (5)	
¿De parte de quién? (5)	
deber (2)	
decir (2)	
dejar un mensaje (5)	
delgado/a (0)	
desayunar (0)	
descubrir (4)	
desordenado/a (0)	
las desventajas (5)	
¿Dígame? (5)	
divertido/a (0) (6)	
divertirse (e>ie) (0) (3) (4)	
el documental (3)	
dormir (o>ue) (0)	
ducharse (0)	
E	
empezar (e>ie) (0) (4)	
encantar (0)	
en efectivo (5)	
enfadarse (4)	
entonces (6)	
la entrada (3)	
la entrevista (3)	
entretenido/a (6)	
el escritorio (1)	
ese / esa, esos / esas (1)	
eso (1)	
este / esta, estos / estas (1)	
esto (1)	
el estuche (1)	
la espalda (0)	
está nublado (0) (2)	
Estamos a 20 grados. (2)	
estar (0)	
estar ocupado/a (2)	
Estoy (en parte/totalmente) de acuerdo con... (6)	
estresado/a (6)	
la excursión (4)	
el extranjero (3) (4)	
F	
la falda (0)	
los famosos (3)	
fatal (4)	
fenomenal (4)	
feo/a (0)	
la floristería (5)	
frágil (1)	
frío/a (6)	
la frutería (5)	
fuerte (0)	
G	
las gafas de sol (2) (4)	
genial (4)	
gordo/a (0)	
el gorro / la gorra (0) (2)	

* (n.º) indica la unidad en la que aparece.

Glosario

ESPAÑOL	EN TU LENGUA
los grados (2)	
grande (1)	
los grandes almacenes (5)	
gris (0)	
los guantes (0) (2)	
guardar (1)	
gustar (0)	

H
ESPAÑOL	EN TU LENGUA
hablador/a (0) (6)	
Hace buen tiempo. (2)	
Hace calor. (2)	
hace dos días (4)	
Hace frío. (2)	
Hace mal tiempo. (2)	
Hace muchísimo frío/calor. (2)	
Hace mucho frío/calor. (2)	
Hace sol. (2)	
Hace un día muy bueno/malo. (2)	
Hace viento. (2)	
el hielo (2)	
hoy (2)	

I
ESPAÑOL	EN TU LENGUA
impuntual (6)	
impresionante (6)	
la impresora (1)	
inestable (2)	
el informativo (3)	
interesante (6)	
el invierno (2)	
ir (0)	
ir de excursión (2)	
ir de compras (5)	

J
ESPAÑOL	EN TU LENGUA
el jarrón (1)	
joven (0)	
juerguista (6)	
jugar (u>ue) (0)	

L
ESPAÑOL	EN TU LENGUA
la lámpara (1)	
largo (0)	
lavar (2)	
el lector (3)	
levantarse (0)	
la librería (5)	
ligero/a (1)	
limpiar (0)	
la linterna (4)	
liso/a (0)	
listo/a (5)	
llamada perdida (5)	
llamar (1)	
llamarse (0)	
llevar (0) (2) (4)	
llueve (llover, o>ue) (0) (2)	
la lluvia (0) (2)	

M
ESPAÑOL	EN TU LENGUA
la madera (1)	
la maleta (4)	
malo/a (5)	
las manos (0)	
mañana (2)	

ESPAÑOL	EN TU LENGUA
marrón (0)	
más… que (1)	
mayor (1)	
mejor (1)	
menos… que (1)	
Me parece (que)… (6)	
¿Me podría decir el precio? (5)	
el mes/año pasado (4)	
el metal (1)	
moderno/a (1)	
el monitor (1)	
montar a caballo (0) (4)	
moreno/a (0)	
mudarse (3)	
muy divertido (4)	

N
ESPAÑOL	EN TU LENGUA
nadar (0) (4)	
naranja (0)	
negro (0)	
nervioso/a (0)	
la niebla (2)	
nieva (nevar, e>ie) (2)	
la nieve (2)	
no contesta (5)	
No estoy (totalmente) de acuerdo con… (6)	
No hace nada de frío/calor. (2)	
No sé qué decir. (6)	
No te puedo decir. (6)	
las noticias (3)	
noticias de los famosos (3)	
las noticias del día (3)	
número equivocado (5)	
Nunca jamás. (6)	

O
ESPAÑOL	EN TU LENGUA
ocupado/a (2) (5)	
los ojos (0)	
ordenado/a (0)	
el otoño (2)	

P
ESPAÑOL	EN TU LENGUA
pagar (2)	
la página (3)	
la panadería (5)	
los pantalones (cortos) (0)	
el paraguas (2)	
¡Para nada! (6)	
pasar tiempo (3)	
la pastelería (5)	
el pecho (0)	
pedir (e>i) (0)	
peligroso/a (6)	
el pelo (0)	
pensar (e>ie) (0)	
peor (1)	
pequeño/a (1)	
perder(se) (4)	
perezoso/a (0) (6)	
la perfumería (5)	
el periódico (3)	
el periódico digital (3)	
el/la periodista (3)	
el personaje (3)	
pesado/a (1)	
las piernas (0)	

noventa y uno **91**

Glosario

ESPAÑOL	EN TU LENGUA	ESPAÑOL	EN TU LENGUA
los pies (0)		sencillo/a (1)	
las pinturas (1)		el senderismo (4)	
la planta (1)		silencioso/a (6)	
el plástico (1)		el sillón (1)	
poder (o>ue) (0)		simpático/a (0)	
poner (-go) (1)		el/la soldado (5)	
ponerse (3) (4)		la sombrilla (4)	
¿por qué? (6)		soso/a (6)	
porque (6)		subir (4)	
la portada (3)		el subtítulo (3)	
¡Por supuesto! (6)		suena ocupado (5)	
el portátil (1)		el supermercado (5)	
el póster (1)			
práctico/a (1) (6)		**T**	
la prensa (3)		tan... como (1)	
la prensa deportiva (3)		tarjeta de crédito/débito (5)	
el/la presentador/a (3)		tarjeta de regalo (5)	
la primavera (2)		el teclado (1)	
la primera página (3) (4)		el teléfono móvil (1)	
el programa (3) (4)		la temperatura (2)	
el protector solar (4)		tener (-go, e>ie) (0)	
próximo/a (2)		tener que (0)	
puntual (6)		terminar (0) (4)	
		la tienda de campaña (4)	
Q		la tienda de electrónica (5)	
¡Qué calor! (2)		la tienda de ropa (5)	
quedar (0)		¿Tienes frío/calor? (2)	
¿Qué día/tiempo hace? (2)		Tienes razón. (6)	
¡Qué dices! (6)		las tijeras (1)	
¡Qué frío hace! (2)		tímido/a (0)	
¡Qué frío/calor tengo! (2)		el titular (3)	
¿Qué opinas/piensas sobre...? (6)		la tormenta (2)	
¿Qué precio tiene? (5)		¡Totalmente! (6)	
¿Qué te parece...? (6)		trabajador/a (0)	
¡Qué va! ¡Que no! (6)		traer (-go) (2)	
que viene (2)		el traje de baño (4)	
		tranquilo/a (0) (6)	
R		el trueno (2)	
el ratón (1)			
rectangular (1)		**U**	
redondo/a (1)		usar (1)	
la red social (5) (6)		útil (1)	
la regla (1)			
regresar (4)		**V**	
regular (4)		venir (-go, e>ie) (2)	
relajante (6)		las ventajas (5)	
el relámpago (2)		ver (0)	
responsable (6)		el verano (2)	
el reportaje (3)		verde (0)	
la revista (3)		el vestido (0)	
la revista de información científica (3)		vestirse (e>i) (0)	
rico/a (5)		la videoconsola (1)	
rizado (0)		viejo/a (1)	
rojo (0)		volver (o>ue) (0)	
rubio/a (0)			
ruidoso/a (1) (6)		**Y**	
		¡Yo qué sé! (6)	
S			
el sacapuntas (1)		**Z**	
el saco de dormir (4)		la zapatería (5)	
salir (-go) (0)		las zapatillas de deporte (0)	
saludable (6)		los zapatos (0)	
¿Se encuentra...? (5)			
seguro (3) (4)			

NOTAS

NOTAS